심리학에는 한 가지 법칙이 있다.
이루고 싶은 모습을 마음속에 그린 다음 충분한 시간 동안
그 그림이 사라지지 않게 간직하고 있으면,
반드시 그대로 실현된다는 것이다.

윌리엄 제임스

고독은 내 곁에 아무도 없을 때가 아니라
자신에게 중요하게 여겨지는 것에 대해 소통할 수 없을 때 온다.

칼 구스타프 융

세상은 거대한 골리앗이 아니라
상처받은 다윗에 의해 발전한다.

말콤 글래드 웰

마음을 꿰뚫는
일상의 심리학

마음을 꿰뚫는
일상의 심리학

펴낸날 2023년 9월 10일 1판 1쇄

지은이_장원청
옮긴이_김혜림
펴낸이_김영선
편집주간_이교숙
책임교정_정아영
교정·교열_나지원, 이라야, 남은영
경영지원_최은정
디자인_바이텍스트
마케팅_신용천

펴낸곳 (주)다빈치하우스-미디어숲
주소 경기도 고양시 덕양구 청초로 66 덕은리버워크지산 B동 2007호~2009호
전화 (02) 323-7234
팩스 (02) 323-0253
홈페이지 www.mfbook.co.kr
이메일 dhhard@naver.com (원고투고)
출판등록번호 제 2-2767호

값 18,800원
ISBN 979-11-5874-198-3 (03180)

한 권으로 통달하는
심리의 세계

마음을
꿰뚫는

일상의
심리학

장원청 지음
김혜림 옮김

미디어숲

'당신을 귀찮게 하는
모든 삶의 문제를 설명한다'

처음 도서의 번역 의뢰를 받았을 때 심리학 관련 도서가 쏟아져 나오는 요즘, 단순히 한 가지 심리 실험 결과를 부풀리거나 저자의 고집스러운 주장으로 점철되는 책은 아닐까 하는 생각이 들었다. 무언가 그럴듯해서 고개를 끄덕이게 하지만, 막상 실생활에는 별로 도움이 되지 않는 그런 책이면 어쩌지 하는 걱정이었다.

하지만 염려와 달리, 저자는 우리 삶에 직간접적으로 도움이 되는 해석과 예시를 담아 심리학을 쉽게 설명해 주었다. 머릿속에 콕콕 들어오는 덕분에 이해도 잘 되었지만, 무엇보다 인간과 사회를 이제야 제대로 바라볼 수 있게 된 것에 감사한 마음이다. 물론 이건 꼭 나만의 생각은 아니다. 중국에서만 150만 독자들이 선택한 책이라는 것이 또 하나의 증거이다.

이 책은 단편적인 심리 법칙 몇 가지만을 다룬 것이 아니라 인간 심리와 관련된 최신 연구 결과 중 가장 주목할 만한 64가지를 망라했다.

살아가는 방식이 제각각인 독자에게 저자가 제시한 수많은 심리 법칙은 능동적으로 자신의 성격을 살피고 주변 환경에 보다 쉽게 어울릴 수 있는 조화로움을 선사한다. 또한, 저자의 통찰력 있는 해석과 법칙의 적용은 담백하면서도 깊이가 있어 절대 가볍지 않다.

여러 가지 심리 법칙 중 인상 깊었던 '오컴의 면도날'을 보자. '오컴의 면도날'은 같은 사실이나 현상을 설명하는 두 가지 이론이 있다면 더 단순한 것이 진실이거나 효율적일 가능성이 크다는 법칙이다. 예를 들어 실생활 측면에서, 적금 만기가 되어 돈을 찾으러 갔는데 창구 직원이 안정적인 수익을 올릴 수 있다며 또 다른 투자를 권유하는 경우를 살펴보자. 누구나 한 번쯤 경험해 본 일일 것이다. 그런데 투자 상품별로 수익을 내는 과정이 복잡한 것과 단순한 것이 있다고 할 때 과연 어떤 상품을 선택할 것인가?

물론 금융시장 관련 지식이 해박해서 모든 내용을 이해할 수 있는 사람이라면 과정의 안전성과 신뢰도, 최종 수익률 같은 것을 꼼꼼히 따져볼 수 있을 것이다. 하지만 환율이 어떻고, 마진이 어떻고, 콜옵션 또는 풋옵션이 어떻고 하며 복잡하게 설명하기 시작하면 이를 제대로 이해하는 사람은 많지 않을 것이다. 이럴 때 무언가 전문적인 용어들이 많이 나오고 거창하다는 이유로 무턱대고 신뢰하는 사람들이 있다.

오컴의 면도날 법칙에 따르면 이는 잘못된 선택일 가능성이 크다.

이런 예를 드는 이유는 최근 내 지인이 위와 같은 과정으로 꽤 큰 금전적 피해를 보았기 때문이다. 나는 번역을 하면서 '그가 이 책을 일찍 만났더라면 얼마나 좋았을까'라는 생각을 했다.

이 책은 너무나도 평범하고 일상적인 행동 뒤에 숨어 있는 온갖 기괴한 심리 현상을 소개한다. '왜 한 사람에게 호감을 얻는 가장 좋은 방법이 그를 반박하는 것일까?', '왜 잘못될 가능성이 있으면 반드시 그렇게 되는 걸까?', '왜 무리 속에 있으면 똑똑한 사람도 바보가 되는 걸까?' 이와 같이 늘 궁금했지만, 딱히 물어볼 데가 없었던 우리의 행동 뒤에는 언제나 재미있으면서도 괴상한 심리학적 효과가 숨어 있다.

우리는 살면서 크든 작든 수많은 문제와 부딪히고 매 순간 선택을 해야 한다. 그때 좀 더 현명하게 상황을 이해하고, 세상과 타인을 바라보며 문제를 해결해 나갈 수 있다면 우리의 삶이 지금보다 더 나아질 것이다.

옮긴이 김혜림

차례

PART 1 나조차도 몰랐던 나를 만나다

PART 2 지혜를 무기로 세상을 만나다

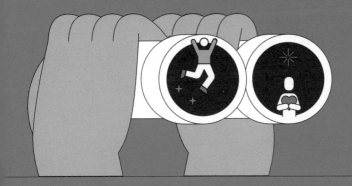

나조차도 몰랐던
나를 만나다

잘되면 내 덕분,
잘못되면 너 때문

이기적 편향

여러분들은 본인을 어떻게 평가하고 있는가? '나는 어딜 가든 일 머리는 있는 일잘러지.'라고 생각하는 자뻑 스타일인가, '어디를 가든 내가 설 곳은 없을 것 같다.'고 생각하는 자폭 스타일인가?

오스트레일리아의 한 심리학자가 회사에 재직 중인 임원을 대상으로 각자 '자신을 어떻게 평가하고 있는지' 조사했다. 그 결과, 90%의 임원이 자기 자신에 대한 성과평가를 다른 동료에 대한 평가보다 높게 측정했다. 그중 86%의 사람들은 자신의 사업 실적을 실제 평균보다 높게 평가했고, 오직 1%만이 평균보다 낮게 평가했다.

그 후, 심리학자는 전체 회사의 평균 임금 수준을 파악해 임원들이 평가한 자신의 보수와 능력의 연관성을 조사했다. 그 결과, 그들의 임금이 평균보다 높을 때는 당연한 것으로 여겼다. 즉, 그들의 노력, 뛰어난 성과에 대한 '합당한 보답'이라고 생각했다. 반면 그들의 임금이 평균보다 현저히 낮을 때는 자신들의 노력에 비해 정당한 대우를 받지 못한다고 생각했다. 그들 중 자신이 사실 남들보다 못하다는 현실을 태연하게 받아들이는 사람은 거의 없었다. 그들은 모두 다른 원인을 생각하며 하늘을 원망하거나 이런저런 핑계를 대며 책임을 회피했다.

왜 이런 결과가 나왔을까? 회사 임원들이 모두 잘난 척하는 사람들인 걸까? 아니다. 이는 모든 사람이 지닌 일반적인 결점이며, 심리학에서는 이것을 두고 '이기적 편향'이라 부른다.

『사회심리학』을 쓴 심리학자 데이비드 마이어스David Miers는 이기적 편향Self-serving bias에 대해 이렇게 정의했다.

> "자아와 관련한 정보를 만들어낼 때 일종의 잠재적 편견이 나올 수 있다. 우리는 자신의 실패는 쉽게 벗어던지면서 성공의 찬사는 달게 받아들인다."

한마디로 자신에게 유리한 쪽으로 사고한다는 것이다. 대부분은 타인이 자신을 좋은 사람이라고 여긴다고 믿는다. 이러한 자기 미화 감정은 자신의 훌륭한 면에 스스로 도취하게 하고, 어두운 면은 간간이 흘려넘기게 한다. 성공하면 내 실력이 출중한 덕분이고, 실패하거나 잘못되면 세상이나 남의 잘못 때문이다. 예를 들어 경기에서 승리한 운동선수가 자신의 승리를 그동안 스스로 쏟아부은 노력의 결과라고 생각하지만, 패배한 후에는 좋지 않은 기후 탓이나 심판의 편파적인 경기 운영 같은 다른 요인으로 실패의 원인을 돌리는 것과 같다.

회사의 이윤이 증가할 때도 대부분 CEO는 자신이 관리를 잘해서 회사의 추가 수익을 낼 수 있었다고 생각한다. 반면에 이윤이 떨어지기 시작하면 '도대체 어떻게 하면 이 무기력한 직원들에게 동기부여를 할 수 있을까?'를 고민한다.

심지어 성공과 실패를 묘사할 때, 우리가 사용하는 주어를 봐도 이러한 편향을 알 수 있다. 예를 들어, 좋은 성적을 얻었을 경우 "나 역사 시험 A 받았어."라고 말하지만, 성적이 마음에 들지 않으면 "역사 선생님이 시험 문제를 이상하게 내서 예상치도 못하게 C를 받았어."라고 말한다.

캐나다의 여러 심리학자는 결혼생활 중 발생하는 이기적 편향에 관해 연구한 적이 있다. 조사 결과, 91%의 아내들은 장보기를 자신이 도맡아서 한다고 말했지만 이에 대해 76%의 남편들만 동의했다. 또 다른 사례를 보면, 어느 부부는 매일 저녁 빨랫거리를 벗어놓을 때 늘 바구니 바깥으로 내던져 버리는 습관이 있었다. 다음 날 아침, 아내가 옷을 주워서 빨래 바구니에 넣을 때 남편을 향해 "이번에는 당신이 주울 차례야."라고 말하면 남편은 '무슨 근거로? 열 번 중 아홉 번은 모두 내가 주웠는데.'라고 생각한다. 그래서 바로 아내에게 이렇게 묻는다. "당신은 몇 번이나 주웠다고 생각해?" 그러자 아내는 이렇게 대답했다. "대충 열 번 중 아홉 번?"

이 역시 이기적 편향을 보여 주는 표현방식 중 하나다. 우리는 기억 속에서 자신도 모르게 자기에게 유리한 정보는 과장되게 말하고, 불리한 부분은 무시해 버린다. 따라서 '이기적 편향'을 다른 말로 '자기 본위적 편견'이라고도 부른다.

이기적 편향은 사람들과의 관계에서 갑자기 일어나기도 한다. 팀이 함께 협력할 때 이기적 편향을 가진 사람은 자신이 팀에서 가장 중요한 공헌을 했다고 생각한다. 반면, 협력이 순조롭지 않을 때는, 다른 협력자를 비판한다. 그러면 결국 팀워크는 깨지기 시작한다.

별난 심리연구소

'이기적 편향'은 기본적인 '귀인歸因 오류'로, 어느 한쪽의 영향을 과대평가 혹은 과소평가하는 것을 말한다. 이는 인간관계에 영향을 미치는 큰 요소 중 하나로 다른 사람과 교류할 때 이러한 귀인 오류를 피해야 다른 사람과 화합할 수 있고 좋은 인간관계를 맺을 수 있다.

심연을 파고들어
침몰하는 사고의 닻

앵커링 효과

1974년 히브리대학교 심리학 교수 대니얼 카너먼D. Kahneman과 아모스 트버스키A. Tversky는 한 가지 실험을 진행했다. 그들은 피실험자들에게 아프리카 국가들이 유엔UN에서 차지하는 의석이 몇 퍼센트인지 추정하게 했다.

먼저 무작위로 피실험자에게 백분율 숫자를 준 후 각자에게 이 무작위 숫자는 실제 의석수보다 크거나 작다는 것을 암시했다. 마지막으로 피실험자에게 진짜 의석수를 추측하게 했다.

재밌는 것은 피실험자들이 마지막으로 추측한 의석수 숫자가 모두 처음 무작위로 받은 숫자의 영향을 받았다는 점이다. 예를 들어,

두 명의 피실험자가 받은 무작위 숫자가 각각 10%와 65%였다면 그들이 마지막에 추측해낸 숫자는 각각 25%와 45%였다. 이는 두 명의 피실험자들이 처음에 받은 무작위 숫자와 매우 가까웠다.

카너먼과 트버스키는 이 실험을 통해 이전에 제기한 '앵커링 효과Anchoring effect'를 검증했다. 의사결정을 하기 전에 얻은 첫 번째 정보에 따라 사고가 좌지우지된다는 점을 보여 준 것이다.

앵커링 효과의 '앵커Anchor'는 '배의 닻'을 말한다. 닻을 내리면 배가 아무리 멀리 움직인들 닻에 묶인 밧줄의 거리만큼 맴돌 뿐이다. 첫 번째 얻은 정보는 바다 밑바닥에 잠겨 있을 수 있으며 우리의 사고 역시 어딘가에 고정되어 왜곡된 선입견이 생길 수 있다.

예를 들어, 피실험자는 처음 얻은 숫자가 무작위이며 진짜 숫자와 전혀 관련이 없다는 점을 알더라도 진짜 숫자를 추측할 때, 여전히 무의식적으로 자기가 예측한 진짜 숫자가 무작위 숫자의 일정 범위 내에 있다고 생각한다.

그러면 왜 사고의 왜곡을 '닻을 내리다'라고 표현한 것일까? 이는 닻을 내리는 지점이 의식의 깊은 곳에 묻혀 있고 심지어 자신이 이미 닻을 내리는 지점에 묻혀 있다는 것을 깨닫지 못하고 있기 때문이다. 자신은 독립적인 사고를 통해 의사결정을 내렸다고 생각하지만, 실은 자신도 모르는 사이에 각종 정보로 인한 선입견에 따라 잘못 인도되는 것이다.

여기 유명한 일화가 있다. 샌드위치를 파는 작은 가게에 직원 두 명이 있었다. 가게를 방문한 손님들은 무작위로 직원을 선택했다. 손님들은 대기 줄이 짧은 쪽의 직원을 선택할 확률이 높기 때문에, 가게 안에 직원이 몇 명이든 이론상으로는 그들의 매출액이 크게 차이 나지 않을 것으로 예상됐다.

그럼에도 매출액에 차이가 나자 주인이 눈여겨보기 시작했다. 주인은 일부러 카운터 옆에 서서 매장을 관찰하기 시작했다. 고객이 주문할 때 첫 번째 직원이 그에게 물었다. "프렌치프라이는 필요하지 않으세요?" 고객이 주문하든 안 하든 그 직원은 항상 똑같이 물었다.

반면 두 번째 직원은 "프렌치프라이 미디움 사이즈를 드릴까요, 아니면 라지 사이즈를 드릴까요?"라고 물었다. 이때 고객 중 70%는 "미디움이나 라지."라고 대답했고, 오직 30% 고객만 "프렌치프라이는 괜찮아요."라고 답했다.

그 결과, 자연스레 두 번째 직원의 매출이 첫 번째 직원보다 많았다. 이는 대표적인 앵커링 효과의 응용이다. 두 번째 직원은 고객이 결정하기 전에 이미 프렌치프라이를 고객의 마음속에 심어 두었고, 고객은 자연스레 프렌치프라이를 주문하게 되었다. 고객의 사고 범위는 '프렌치프라이의 사이즈는 무엇으로 할 것인가'라는 쪽에 닻을 정하고 소수의 사람만 제3의 선택으로 프렌치프라이가 필요 없다고 생각한 것이다.

물론 닻에 갇힌 사고를 극복하는 것은 결코 쉬운 일이 아니다. 우리는 어떻게 해야 할지 잘 모를 때 자신도 모르게 일단 많은 정보를 받아들여 사고 패러다임을 만든다. 이러한 정보는 우리의 사고에 도움이 되기도 하지만 또 다른 면에서는 '닻을 내리는 것'이 될 수 있어 오히려 사고를 편중시킬 수 있다.

그렇다면 어떻게 앵커링 효과를 피하거나 감소시킬 수 있을까?

먼저, 우리는 시야를 가능한 한 넓게 하여 끊임없이 학습하고 실천해야 한다. 또한, 생각을 모으고 다른 사람의 견해와 방법을 귀담아들어야 한다. '선입견에 치우친다는 것'은 사실 받아들이는 정보의 양이 너무 적다는 것을 의미하기 때문이다.

특이하게도 우리의 뇌는 처리하는 정보가 적으면 적을수록 이를 분별하는 능력이 약해진다. 반대로, 많은 정보를 처리할 때는 뇌가 빠르게 회전해 정보의 가치 여부를 판단한다. 결국 '사고에 닻을 내리는' 것을 무력하게 만든다.

예를 들어, 어떤 사람을 처음 봤을 때 우리는 이전에 들었던 말은 모두 무시하고 오직 자신의 시선으로만 그 사람을 판단한다. 혹은 먼저 이 사람에 대한 정보를 대량으로 수집하여 그 사람을 판단하는 보조 장치로 사용하기도 한다.

일에 대해서도 마찬가지이다. 어떤 일을 마주했을 때 우리는 이전의 정보를 완전히 무시하든, 그 자리에서 즉시 본질을 분석하여 결정하든, 여러 사람의 의견을 모아 결정하든, 깊이 그리고 포괄적으로 생각해야 한다.

별난 심리연구소

'앵커 효과'는 일종의 선입견을 심어주는 심리 법칙이다. 이를 피하기 위해서는 두 가지 중요한 사항을 숙지해야 한다. 하나는 이전의 모든 정보를 철저히 무시하는 것이다. 이는 '닻을 내리는 것'의 숨은 위험을 제거하기 위함이다. 하지만 실천하기는 무척 어렵다.

또 다른 하나는 대량으로 수집한 정보를 전면적으로 분석하여 이성적인 판단을 끌어내는 것이다. 이는 '닻을 내리는 것'의 영향을 최소화한다. 정보가 폭발하는 세계에서 우리는 무엇보다 날카로운 시선으로 자신에게 유효한 정보를 취하는 자세를 갖춰야 한다.

실패에 집중할수록
실패할 수밖에 없는 이유

월렌다 효과

역사상 최고의 공중곡예사가 있었다. 그는 미국의 유명한 고공 외줄 묘기의 공연가로 이름은 칼 월렌다이다. 월렌다의 사전엔 실패란 없었다. 그는 1978년 73세의 나이를 앞둔 마지막 공연 후 은퇴를 결심했다.

월렌다가 선택한 마지막 공연 장소는 푸에르토리코의 해변 도시 산후안이었다. 그런데 그동안 어떤 실수도 한 적 없었던 월렌다는 라스트 공연에서 처절한 실패를 하게 된다. 그는 와이어 중간지점까지 갔을 때 난도가 높지 않은 동작 두 가지를 보여 준 후 바로 수십 미터 높이의 와이어에서 떨어져 목숨을 잃고 말았다.

이 일이 있고 난 후, 그의 아내의 말이 의미심장했다.

"저는 이번 공연에서 무슨 일이 일어날 것 같은 생각에 두려웠어요. 남편이 공연을 나가기 전 '이번 공연은 진짜 중요해. 실패가 없어야 해'라고 끊임없이 말했거든요. 이전에 했던 모든 공연에서 그는 줄을 잘 타는 것 말고는 신경 쓰지 않았어요. 그러나 이번은 마지막 공연이다 보니 너무나 성공하고 싶었고, 그러다 보니 일 자체에 집중할 수가 없었던 것 같아요. 노심초사하고 실패할까 봐 걱정했던 것이죠. 만약 그가 와이어 타는 것 외에 실패를 생각하지 않았다면 이런 일은 절대 일어나지 않았을 겁니다."

그 후 심리학자들은 거대한 심리 압박을 받으며 끝없이 근심 걱정을 하는 심리 상태를 '월렌다 심리 상태'라고 불렀고, 훗날 '월렌다 효과'라고 전해졌다.

우리는 종종 '스트레스는 곧 동력이다'라고 말한다. 그러나 월렌다 효과는 우리에게 스트레스는 양날의 검이며, 수천수만의 적을 죽일 수 있는 예리한 무기가 되어 자기 자신을 파괴할 수도 있음을 보여 준다.

스트레스 심리 연구의 원조, 한스 샐리에Hans Selye 박사는 스트레스를 해로운 스트레스와 유익한 스트레스로 구분했다. 유익한 스트레스는 사람을 즐겁게 하고 생활에 활기를 주며 동기부여를 할 수 있지만, 해로운 스트레스는 무기력과 의기소침, 실망감 같은 감정을 느끼게 해 신체와 심리 상태에 나쁜 반응을 일으키게 한다.

월렌다 효과는 바로 이러한 해로운 스트레스에 속한다. 이는 비이성적인 스트레스로, 그 근원은 개인의 이해득실만 따지는 심리 상태에서 비롯된다. 즉, 자신이 실패할 것을 걱정해 이를 성공시키는 방법을 생각하는 것이 아니라 오직 실패만 생각해 끊임없이 걱정하는 것이다.

유익한 스트레스는 긍정적인 정서이지만, 해로운 스트레스는 부정적인 감정으로 사고를 분산시켜 쓸데없고 터무니없는 생각에 시간을 낭비하게 만든다. 그러니 어떻게 성공할 수 있겠는가. 이해득실을 따지고 실패의 쓴맛을 보는 것보다 처음부터 손 놓고 싸우는 편이 오히려 성공할 가능성이 크다는 점을 알아야 한다.

1960년대 미국의 유명 연설가인 존 존스는 젊은 시절 한 웅변대회에 참가한 적이 있다. 이 대회는 마이애미대학교의 한 단체에서 개최한 것으로 전국의 명문 학교 선수들이 참가했고 카네기 멜론대학교와 같은 명문 대학이 후원을 했다.

존스는 준결승에 진출한 후 매우 긴장하기 시작했다. 그는 이 대회를 통해 강연계에서 활동하기를 간절히 원했기 때문이다. 여러 차례 경쟁을 펼치는 동안 그는 상대의 뛰어난 실력에 두려움을 느꼈다. 결국 심리적 압박이 극에 달한 존스는 연설문을 집어 들자마자 심장박동이 빨라지며 목소리가 떨렸고, 리허설 때는 대사마저 잊어버리고 말았다.

대회 날짜가 다가오자, 존스의 심리 상태는 갈수록 나빠졌고 거의 우승을 포기하다시피 해야 했다. 자포자기의 심정이 막 스쳐 지나갔을 때, 존스는 순간 정신을 차리고 결과가 어떻게 되든 끝까지 해 보자며 자신을 타일렀다. 비록 마지막에 탈락하더라도 이대로 포기할 수는 없었다. 이런 생각이 들자, 존스는 자신이 탈락할 가능성을 서서히 받아들였다. 그리고 이상하게도 숨통을 조일 듯 압박하던 불안감과 극도의 긴장은 점점 풀리기 시작했다.

마침내 마지막 경기에서 존스는 심적 부담이 완전히 사라지고 여유마저 생겼다. 풍부한 목소리와 감정으로 심사위원들을 매료시켰고, 상대 선수 역시 이에 감탄할 수밖에 없었다. 그리고 그는 성공적으로 결승에 진출할 수 있었다.

이 경험을 통해 존 존스는 공개적인 장소에서 침착하게 연설할 수 있는 중요한 능력을 갖추었고 연설가로서 성공의 길을 걸을 수 있었다.

별난 심리연구소

'월렌다 효과'는 매우 간단한 심리 법칙이다. 고도의 긴장으로 인한 스트레스가 장기간의 훈련을 무너뜨리며 형성하는 무의식적 반응을 말한다. 이른바 '숙련은 연습에서 온다'라는 말이 있다. 어떤 뜻밖의 상황이 생길 때 기술이 숙련된 사람은 의식적으로 올바른 대처를 하는데, 이는 운에 따른 것이 아니라 반복된 훈련에서 얻은 잠재의식 때문이라는 것이다. 실패할까 걱정하는 심리는 현재 자신이 하는 일에 집중하지 못하게 하고 기본적인 대응조차 심사숙고하게 만든다. 또한, 이 때문에 발생하는 결과에 반응하는 속도 역시 느려져 생각을 둔하게 만든다.

당신을 보고 있는 것은
눈이 아닌 나의 마음이다

쿨레쇼프 효과

구소련의 영화감독이자 이론가인 쿨레쇼프는 소련의 유명배우 모주힌Mozhukhin의 무표정한 표정을 클로즈업으로 촬영했다. 그리고 똑같은 클로즈업 장면을 영화 속 컷과 편집하여 세 개의 장면을 만들었다.

첫 번째 조합은 모주힌의 클로즈업 장면에 이어 책상 위에 놓여 있는 수프 한 접시를 보여 준다. 두 번째 조합은 모주힌의 클로즈업 장면에 이어 관 속에 누워 있는 여자를 보여 준다. 세 번째 조합은 모주힌의 클로즈업 장면에 이어 한 소녀가 귀여운 곰 인형을 가지고 노는 모습을 보여 준다.

쿨레쇼프는 이 세 가지 장면을 관중들에게 보여 줬고 관중들은 배우의 세밀한 연기에 크게 찬사를 보냈다.

관객들은 모주힌이 수프를 보고 있을 때는 깊은 생각에 빠진 것처럼 보이고, 관 속의 여자를 볼 때는 슬퍼 보이며, 소녀가 노는 모습을 볼 때는 자연스럽고 유쾌해 보인다고 말했다. 그러나 사실 촬영 내내 모주힌의 표정은 변하지 않았다. 곧 쿨레쇼프는 같은 컷을 두고도 그 전후에 어떤 이미지를 보여 주느냐에 따라 관객이 느끼는 감정이 달라진다는 것을 알게 되었다.

이것이 '쿨레쇼프 효과Kuleshov effect'이다. 쿨레쇼프 효과가 생겨난 이유는 관객이 자신의 경험과 눈앞의 화면을 통해 연상을 일으켰기 때문이다. 과거의 경험이나 일상생활의 경험 중 관 속에 누워 있는 사람을 볼 때는 일반적으로 슬픈 감정을 연상하게 되고, 소녀가 노는 모습을 볼 때는 유쾌한 감정을 연상하게 된다. 그러므로 관객이 보는 것은 컷 속의 장면이 아닌 자신의 연상된 심리가 스스로에게 투사된 것이다. 이와 같은 쿨레쇼프 효과는 현실 생활에서도 중요한 작용을 한다. 특히 브랜드별로 로고 이름과 로고 패턴을 선택할 때도 그 효과를 발휘한다.

1886년 코카콜라는 출시되자마자 큰 환영을 받았고 중국 시장에 들어온 것은 1920년대 초였다. 하지만 몇 년이 지난 후, 다른 나라

시장의 열기와 비교했을 때 코카콜라에 대한 중국 시장의 반응은 그야말로 참담했다.

왜 그랬을까? 코카콜라 본부에서는 중국으로 직원을 파견해 시장을 조사했고, 중국어로 번역한 이름에 문제가 있다는 것을 발견했다. 중국 대중들은 코카콜라의 이름을 듣고는 마시기 어렵다는 이미지를 먼저 떠올렸고, 심지어 혐오감을 느끼기도 했다. 코카콜라라는 이름을 중국어의 '蝌蝌啃蠟[kēkēkěnlà]' 음절만 따서 번역했는데 이는 난해하며 아무 의미도 없어 보였다. 중국어에서 '蝌[kē]'라는 글자는 '蝌蚪(올챙이)'를 대신하는 글자로 쓰였다. 또한, 밀납을 뜻하는 '蠟'라는 글자 때문에 코카콜라는 까무잡잡하고 끈적끈적한 올챙이를 떠올리게 했다. 이처럼 무의미한 음절은 오히려 심각한 쿨레쇼프 효과를 만들어냈고 대중의 반감을 사게 되었다.

1980년대 들어 코카콜라는 다시 중국 시장에 들어오며 새로운 이름을 지었는데 바로 '可口可樂[kěkǒukělè]'이다. 이를 번역하면 '입에 좋고 즐겁다'라는 뜻이 된다. 이후 코카콜라는 중국 음료 시장에서 선풍적인 인기를 끌게 되었다.

같은 음료, 같은 이름에 단지 번역된 글자만 달랐지만, 소비자들은 각각 다른 정서적 반응을 보였다. 이는 의심의 여지 없이 '쿨레쇼프 효과'를 생생하게 보여 준 사례다. 이 사례는 각 다국적 기업의 현지화 전략을 끌어내는 데 큰 의미가 있어 오늘날까지 미국의 수많은 비즈니스 스쿨에서 현지화 전략의 사례로 소개되고 있다.

어떤 상표를 설계하거나 상품명을 고를 때, 다른 사람이 쉽게 알아볼 수 있게 해야 한다는 점 외에도 중요한 지표 하나가 바로 각 문화권에서 아름다운 연상, 즉 쿨레쇼프 효과를 불러일으켜야 한다는 것이다. 소비자의 각도에서 보면 상품의 명칭, 상표 등 상품을 표시하는 것은 간단하지 않다. 이는 각종 정서 반응을 반영하는 경우가 많고 이로 인해 구매자의 심리에 영향을 미치기 때문이다.

별난 심리연구소

경제학에서 '사람들은 합리적으로 행동한다'는 것을 기본 전제로 삼는다. 그러나 심리학에서는 다른 견해를 보인다. '사람은 본래 이성적이지 않고, 수많은 감정 요인이 사람의 인지 결과에 영향을 미친다'고 말한다. 결국 우리가 보는 세상은 자기 자신의 내면에 있는 심리가 투영된 것이다. 아무리 이성적으로 세상을 판단하려고 하지만 결국 나의 내면에 따라 똑같은 상황도 때로는 추하게 때로는 아름답게 보이는 것이다.

PART 2

지혜를 무기로
세상을 만나다

어수선한 머리를 비우는
산책의 효과

브루잉 효과

고대 그리스의 헤론왕은 아르키메데스를 만나 자신의 왕관이 진짜 순금으로 만들어졌는지 조사해 달라는 부탁을 했다. 이 임무를 맡은 후, 아르키메데스는 며칠간 고민했지만 적당한 방법을 찾지 못했다. 그러던 어느 날, 그는 하던 일을 멈추고 뜨거운 물에 몸을 담그고 긴장을 풀고 싶었다. 그가 뜨거운 욕조에 뛰어들었을 때, 물이 욕조 밖으로 넘쳐흘렀다. 그 모습을 본 순간 아르키메데스는 '유레카'를 외쳤다.

'유레카'란 '발견했다'라는 뜻으로, 아르키메데스가 왕관이 순금인지 밝혀낼 수 있는 방법을 찾아냈다는 의미로 외친 말이다. 욕조에서 흘러내린 물의 양은 아르키메데스의 몸무게만큼이었다. 순금이 밀어내는 물의 양과 왕관이 밀어내는 물의 양이 같으면, 왕관이 순금으로 되어 있다는 것을 알 수 있었다.

이것이 바로 유체물리학의 중요한 원리 중 하나인 '부력의 법칙'이다. 아르키메데스가 부력의 원리를 발견한 이 극적인 과정을 두고 훗날 심리학자들은 '브루잉 효과Brewing effect'라고 정의했다.

복잡한 문제를 해결하거나 창조적인 사고가 필요할 때, 아무리 많은 힘을 쏟아도 정확한 생각의 갈피를 찾을 수 없을 때가 많다. 오히려 문제에 대해 적극적으로 탐색하던 것을 멈출 때 결정적인 영감이 떠오를 수 있는데, 이를 '브루잉 효과'라고 한다.

심리학자들은 '브루잉' 과정은 사고를 멈추는 것이 아니라 기존의 전반적인 사고 과정을 잠재의식 영역으로 전환하는 것이라고 말한다.

또한, 잠재의식을 통해 기억 속에 저장해 둔 관련 정보를 조합하고 '영감' 같은 사고를 획득하는 것이라고 일컫는다. 이런 상태를 만드는 것은 중간 휴식이다. 책상 앞에서 머리를 쥐어짤 때보다 잠시 산책을 하다가 불현듯 좋은 아이디어가 떠오른 순간을 생각하면 이해하기 쉽다. 어려운 문제를 내려놓으면 우리의 뇌는 이전에 느낀 심리적 긴장감을 없애고 부정확한 부분을 잊어버리며 사고가 일시 정지된다. 잠재의식 면에서 독창적인 사고 과정을 형성하는 데 유리해지는 것이다.

　이탈리아의 미학자 베네데토 크로체Benedetto Croce는 인간의 지식은 두 가지 종류가 있는데 그중 한 가지가 '직감'이고, 다른 하나가 '논리적 사고'라고 말했다. 그는 직감은 '상상 중에 나오는 것'이고 논리적 사고는 '이성적으로 나오는 것'이라 설명한다. 논리적 사고가 막다른 골목에 들어설 때, 이완과 휴식의 '브루잉' 과정을 통해 생각을 직감에 맡기고, 뇌에 숨겨진 신속하고 직접적인 통찰과 깨달음을 통해 예상치 못한 결과를 얻을 수 있는 것이다.

　1971년 미국의 심리학자 실비에르는 하나의 실험을 설계했다. 이 실험은 브루잉 효과를 전문적으로 보여 준다.

　실비에르는 먼저 성별, 나이, 지식수준 등이 대체로 비슷한 피실험자끼리 세 그룹을 만든 후 그들에게 똑같은 난제를 해결하도록 요구했다.

　첫 번째 그룹은 30분 동안 생각하고 중간에 휴식을 취하지 않았다. 두 번째 그룹은 먼저 10분 동안 생각한 후 문제 해결 여부와 상관없이 30분 동안 휴식을 취하고 다시 10분 동안 생각했다. 세 번째 그룹은 두 번째 그룹과 비슷하게 전후로 10분간 생각하고 중간에 4시간 동안 휴식을 취하며 공놀이, 카드놀이 같은 오락 활동을 즐겼다.

실험 결과, 첫 번째 그룹은 55%, 두 번째 그룹은 64%, 세 번째 그룹은 85%가 문제를 해결했다. 실험이 끝난 후 실비에르는 모든 피실험자의 문제 해결 과정을 차례차례 기록했고, 두 번째와 세 번째 그룹의 피실험자들이 휴식을 취한 후 다시 문제를 해결할 때 이전에 가지고 있던 생각들을 이어서 하는 것이 아니라 처음부터 다시 시작한다는 점을 발견했다. 이 실험을 통해 실비에르는 브루잉 효과가 문제 해결의 부적절한 사고방식을 깨뜨리고 새로운 사고방식을 촉진시켰다고 확신했다.

어려운 문제는 잠시 놔두고 중간에 다른 일을 끼워 넣는 방법은 사람들이 고정된 사고 패턴으로 들어가는 것을 막고 새로운 절차와 방법을 얻을 수 있게 해주며 문제를 더 쉽게 해결할 수 있도록 도와준다. 생활 속에서 우리는 비슷한 경험을 해 본 적이 있을 것이다. 이를 통해 많은 관념이 도출되었다. 예를 들어 '일과 휴식의 결합' 같은 사업 이념이나 시간을 나누는 것을 기반으로 각종 시간을 관리하는 방법 모두 브루잉 효과에서 나온 것이다.

그러므로 우리가 어려운 문제에 직면했을 때, 해결할 수 없는 문제에 끝까지 매달리거나 자기 능력을 의심해서는 안 된다. 우리는 문제를 해결할 수 없는 것이 아니라 정체된 사고방식에서 스스로 헤어 나오지 못하는 것이기 때문이다.

이럴 때는 문제를 한쪽에 놔두고 다른 일을 해 보자. 잠시 문제를 내려놓음으로써 정체된 사고방식을 없애고 몇 시간, 며칠, 심지어 정말 많은 시간이 지난 후 그 문제를 다시 생각하면 우리의 뇌는 새로운 사고방식을 활용하여 이 문제를 해결할 수 있다.

별난 심리연구소

우리의 뇌는 우리가 상상하는 것보다 훨씬 강하다. 사람의 뇌에는 신속하고 직접적인 통찰력과 깨달음이 내포되어 있다. 이러한 능력을 '영감' 또는 '직감'이라 부른다. 우리가 문제에 대한 사고를 멈출 때, 뇌 속에 수집되어 있던 자료 역시 저장되지 않고 의식의 깊은 곳에서 원래 자료를 재편성하고 가공하여 새로운 생각을 만들어낸다. 그렇기에 우리는 때론 복잡다단한 뇌를 잠시 쉬게 놔두는 것이 중요하다. 이것이 바로 '멍때리기'가 각광받는 이유이기도 하다.

'내가 장담하건대'라는 말만큼 멍청한 직감도 없다

통제의 환상

우리는 가끔 외부 환경을 자신이 통제할 수 있다고 믿는 경향이 있다. 한마디로 자신의 비논리적인 직감을 과대평가하는 것이다. 직감적으로 비이성적인 판단을 하는데, 이는 달리 손을 쓸 수가 없다. 인간의 본능이기 때문이다. 운명을 미지의 손에 맡기지 않고 자신의 직감을 믿는 것, 이를 '통제의 환상Illusion of control'이라고 부른다.

통제의 환상이 주는 자신감은 인류가 진화해온 원동력 중 하나다. 그러나 이러한 본능은 '자신 있게 실수를 저지르게' 할 때가 많다.

통제의 환상이 가져오는 부정적 효과를 상세히 설명하기 위해 심리학자들은 한 가지 실험을 진행했다. 실험 참가자들을 두 그룹으로 나누어 복권을 구매하게 하면서 A그룹에는 직접 번호를 고르게 했고, B그룹에는 기계에서 나온 번호로 각각 1달러어치씩 사게 했다. 당첨을 발표하는 날, 심리학자들은 복권을 산 사람들을 찾았다. 그리고 그들에게 복권을 꼭 사고 싶어 하는 사람들이 있는데 그들에게 팔 생각이 있는지, 판다면 얼마에 팔고 싶은지를 적어 달라고 했다.

그 결과, 자동 선택된 번호의 복권을 구매한 B그룹은 약 19%가 팔지 않겠다고 답한 데 비해 자신이 선택한 번호의 복권을 구매한 A그룹은 B그룹보다 약 2배나 많은 39%가 팔지 않겠다고 답했다. A그룹이 평균적으로 낸 가격은 8.16달러로, 이는 실제 판매 가격보다 8배나 높았다. 그러나 직접 번호를 고르지 않았던 B그룹이 낸 평균 가격은 1.96달러밖에 되지 않았다. 이는 직접 번호를 고른 사람들이 당첨에 대한 자신감이 더 높았고, 자신의 복권에 더 큰 의미를 부여한 것이라 볼 수 있다.

객관적으로 보면 우연한 사건이 발생하는 여부는 확률과 관련이 있다. 자신이 직접 복권의 번호를 골랐든, 기계가 자동으로 부여했든 당첨률은 항상 정해져 있다. 그러나 실제로 우리는 자신이 직접 선택한 숫자의 당첨 가능성이 더 클 것으로 기대한다. 이 때문에 그들의 손에는 자신의 직감으로 선택한 복권만 남는다. 게다가 복권은 거짓 없이 순수한 확률로 당첨되는 게임이기 때문에 어떤 숫자를 고를지 선택할 때 직감 말고 다른 근거가 될 만한 것은 없다. 따라서 '자신의 직감을 믿는 것'과 '확률에 운명을 맡기는 것' 사이에서 직접 복권의 번호를 고른 사람들은 대부분 전자를 선택한 셈이다.

이 세상엔 '행운'처럼 알 수 없는 미지의 영역이 많다. 이런 영역은 신비주의에 가까우며 우리가 통제할 수 없다. 그러나 물질세계를 순서대로 구분하고, 조직하고, 예측할 수 있기에 인류가 세계를 인지하는 과정은 통제할 수 있는 것이다.

미국 서부 지역의 시골에 한 농부가 살고 있었다. 그의 집 옆에는 큰 연못이 있었는데 매일 밤 농부는 연못 안의 개구리가 우는 소리 때문에 잠을 잘 수가 없었다.

농부는 더는 참을 수가 없어 한 식당을 찾아가 주인에게 개구리가 필요한지를 물은 뒤, 자기 집 근처 연못에 개구리가 수만 마리가 있다고 말했다. 식당 주인은 그 이야기를 듣고 깜짝 놀라며 농부에게 말했다.

"수만 마리의 개구리가 있다고요? 내가 장담하건대, 아마 천 마리도 되지 않을 겁니다."

그러나 농부는 자신의 집 뒤에 있는 연못에 빽빽이 있는 개구리를 '직접 눈으로 보았다'라고 거짓말을 하고 말았다. 그러고는 "최소 만 마리는 있습니다!"라며 반복적으로 맹세했고, 자신의 말을 확신해 버렸다. 결국 농부는 식당 주인에게 몇 주 동안 하루에 500마리씩 식당에 납품하기로 거래를 맺었다.

그 후 개구리를 납품하기로 한 첫 주가 되었지만 농부는 약속을 지키지 못했다. 그의 집 뒤에 있던 연못 안에서 겨우 두 마리의 개구리만 잡을 수 있었기 때문이다. 평소 농부를 잠들지 못하게 한 시끄러운 소리는 단지 그 두 마리가 낸 것이다.

'연못 안에 있는 수만 마리 개구리'는 농부가 자신이 들었던 소리만으로 판단한 것이었다. 상식이 있는 사람이라면 누구나 그의 판단이 틀렸다는 것을 알 수 있을 것이다.

그런데 왜 농부는 수만 마리 개구리가 있다고 확신하고 자기가 직접 봤다고 장담까지 했을까? 사실상 농부는 거짓말을 한 것이 아니다. 그가 '제 딴엔' 직접 봤다고 확신한 것은 자신의 직감을 극도로 신뢰했기 때문이다. 결국 이 직감은 착각에 불과했다.

이는 통제의 환상을 극단적으로 보여 주는 사례다. '연못 속에 얼마나 많은 개구리가 있는가' 하는 문제 자체는 현장 관측과 상식적 판단을 근거로 하는 실제적 통제이기 때문이다. 그러나 현실 생활에서는 우리의 능력으로 어떠한 판단도 할 수 없는 일들이 많이 발생한다.

예를 들어 복권이 당첨될 확률, 또는 우리가 해결할 능력이 없는 기술 문제 등에서 우리는 직감에 의지해 판단할 수밖에 없다. 사실 이런 행위 자체는 어떠한 문제도 없다. 직감이란 '운명에 맡기며' 더 적극적으로 대응하는 것이기 때문이다.

별난 심리연구소

'통제의 환상' 중 직감이 때로는 이성적인 사고보다 더 가치 있는 역할을 할 때도 있다. 그러나 반드시 기억해야 할 점은 '통제의 환상'으로 중요한 사항을 판단해서는 안 된다는 것이다. 직감으로 내린 결정은 그저 직감일 뿐이다. 직감을 믿고 모든 것을 결정하는 것이 아닌, 추후 이성적인 분석도 반드시 필요하다는 것을 깨달아야 한다.

무리 속에 있으면
현명한 개인도 바보가 된다

양떼 효과

'양떼 효과Herding effect'는 주식 투자에서 처음으로 사용된 용어다. 이는 투자자가 주식 거래 과정에서 학습과 모방을 통해 맹목적으로 다른 사람을 따라 하는 것을 말한다. 즉, 다수의 사람과 일치하는 방향으로 변화되는 현상이다. 이 현상은 인간의 맹목적인 추종 심리를 양들이 떼지어 다니는 행동에 비유한 것인데, 사회심리학자들은 이를 다른 영역으로 확대해 무리에서 뒤처지지 않기 위해 어쩔 수 없이 따라 하는 현상을 지칭할 때 사용한다.

양떼 효과는 '편승 효과'라고 불리기도 한다. 핵심은 집단의 힘 앞에서 개인이 이성적인 판단을 포기하고, 대중의 추세만을 좇는 것이다. 이로써 자신의 판단을 부정하고, 일의 의미를 주관적으로 고려할 수 없게 된다.

심리학 역사에서 유명한 실험으로 꼽히는 '솔로몬 애쉬Solomon Asch'의 실험은 양떼 효과를 잘 보여 준다. 미국의 심리학자인 솔로몬 애쉬는 대학 캠퍼스에서 실험 참가자를 모집해 시력 검사를 한다고 말했다. 애쉬는 팀당 6명의 피실험자를 초대하여 실험을 진행했는데, 그중 5명은 모두 애쉬와 짜 맞춘 '바람잡이'였고 오직 한 명만 진짜 실험 대상이었다.

실험이 시작된 후 애쉬는 세로줄이 그려진 카드 한 장을 가지고 와 이 세로줄과 다른 카드 위에 있는 3개의 세로줄 중에서 어느 줄이 같은지 선택하게 했고 이러한 과정은 18번씩 진행되었다.

사실 이 선들의 길이 차이는 많은 사람이 쉽고 정확하게 판단할 수 있을 정도로 뚜렷했다. 5명의 '바람잡이'들은 두 번 정도 정상적으로 선을 선택한 뒤 이후부터는 일부러 틀린 답을 이구동성으로 말했다. 이에 진짜 피실험자는 미혹되기 시작했다. 과연 자신의 안목을 굳게 믿고 선택하게 될까, 아니면 자신의 마음속에는 부정확한 답이라고 여기면서도 다른 사람들과 똑같은 선택을 하게 될까? 결과는 사람들을 깜짝 놀라게 했다. 75%의 피실험자가 '바람잡이'에 의해 적어도 한 번은 잘못된 선택을 한 것이다.

'애쉬의 동조 실험'에서 말한 것처럼, '동조'는 자주 볼 수 있는 사회심리학 현상이다. 동조성이 강한 사람은 자신의 의견에 자신감이 없으며 쉽게 심리적 암시에 영향을 받아 어떠한 분석 없이 다른 사람의 의견을 받아들여 행동하기 쉽다. 이를 '군중심리'라고도 하는데 이는 비정상적이고 복잡한 사회적 심리와 행동이다. 그 탄생에는 역사적 근원이 있다.

베스트셀러 『스마트한 생각들』의 저자이며 경제학 박사인 롤프 도벨리Rolf Dobelli는 '과거 우리의 진화 과정을 보면 군중심리가 생존의 묘책이라는 것을 증명한다. 누구라도 그렇게 하지 않으면 이미 유전자 연못에서 사라졌을 것'이라고 지적했다. 군중심리는 지금까지 우리의 몸속 깊이 뿌리내려졌고, 동시에 생존이 걸린 문제가 아닌 곳에서도 사용되었다. 그러니 우리의 내면에 있는 군중심리를 간단히 부정하기 어렵다.

일상생활에서도 자신의 의견을 무시하고 군중에 쉽게 복종하는 사람들이 많다. 또한, 전문적으로 군중심리를 이용하여 어떤 목적을 얻으려는 사람도 있다. 특히 경마장에서 쉽게 볼 수 있는데, 그들은 말의 배당률을 낮춰 더 많은 돈을 따기 위해 군중심리를 이용하여 다른 사람을 유인하기도 한다.

대부분의 사람은 사실 전문적인 경마 지식이 없으므로 도박성이 강하지 않고 제일 이성적인 전술로 이길 가능성이 큰 말에 돈을 건다.

그렇다면 어떻게 사람들은 어느 말이 이길 가능성이 큰지 알 수 있을까? 간단한 방법은 배당률을 보는 것이다. 경마장에 있는 모든 말의 배당률은 도박꾼들이 쏟아부은 판돈의 양에 따라 결정된다. 배당률이 점점 낮아질수록 그 말에 배팅하는 사람은 많아지고 그 말이 얻는 판돈은 높아진다.

따라서 전문적인 도박꾼들은 먼저 이길 확률이 가장 큰 말을 선택하고 그다음에 다시 이길 확률이 가장 낮은 말을 찾는다. 그 후 열등한 말에 돈을 걸어 배당률을 낮추고 이 말을 가장 이길 가능성이 큰 말로 보이게 만든다. 이때 군중심리가 작동해 점점 더 많은 사람이 이 말에 돈을 걸게 된다. 결국 최종적으로 진짜 이길 확률이 높은 말이 우승하게 되고, 전문적인 도박꾼들이 벌어들인 돈은 그들이 이전에 군중심리를 조성하기 위해 열악한 말에게 투자했던 돈을 상쇄하기에 충분하다.

별난 심리연구소

어떤 일에 부딪혔을 때 어떤 분석도 없이 맹목적으로 남들이 하는 대로 따라 하다가는 낭패를 볼 수 있다. 잠시 판단의 오류로 대중의 선택을 따라가더라도, 잠시 멈춰서서 자신의 행동을 객관적으로 바라봐야 한다. 이것이 바로 독립적인 사고이자 건강한 심리 상태이며 지혜로운 생존의 길이다.

나는 결국 다중인격이란 말일까?

바넘 효과

심리학자 버트럼 포러^{Bertram Forer} 교수는 1948년에 대학생들을 대상으로 성격 검사를 했다. 그는 이 검사를 통해 개개인의 성격 특성에 대한 진단을 내리겠다고 했지만, 사실 검사는 구실일 뿐 포러 교수가 학생들에게 나눠준 것은 다음과 같은 똑같은 내용의 결과지였다.

'당신은 다른 사람에게 호감을 얻고 싶어 하지만 스스로에게는 비판적이다. 나약한 성격이 단점이지만 대부분 상황에서 해결책을 잘 찾는 편이다. 당신에게는 아직 충분히 발휘되지 못한 장점이 있다. 겉으로는 자신감에 차 있고 엄격한 편이지만, 내면은 불안과 걱정으로 가득하다. 종종 당신의 행동과 결정이 잘못된 것은 아닌지 의심이 들 때가 많다. 당신은 어느 정도의 불확실성을 좋아하지만, 구속과 제약을 잘 견디지 못한다. 당신은 독립적인 사고방식을 자랑스러워하고, 근거가 충분치 않은 의견은 잘 받아들이지 못한다. 다른 사람에게 지나치게 솔직한 것은 지혜롭지 못하다고 생각한다. 때때로 당신은 외향적이고 사교적이며 낯가림이 없는 동시에 내향적이고 신중하며 말이 없는 편이다. 당신은 몇 가지 비현실적인 목표를 가지고 있다.'

사실 위의 성격 검사 결과지의 내용은 별자리나 성격 관련 책에서 임의로 발췌한 것이라 개인의 성격 특성과는 아무런 상관이 없었다. 하지만 90% 이상의 대학생들이 검사 결과가 자신의 성격과 일치한다고 말했다. 모두 똑같은 검사 결과지를 받았는데도 말이다.

사람들은 두루뭉술하고 보편적인 묘사가 자신의 성격을 잘 말해준다고 생각한다. 뚜렷한 근거 없이 모호하여 누구에게나 해당하는 말들로 한 사람을 평가했을 때, 사람들은 너무도 쉽게 '맞아, 이건 딱 내 얘기야.' 하고 받아들인다. 이러한 현상을 '바넘 효과Barnum effect' 혹은 '포러 효과'라고 한다.

'바넘 효과'를 잘 보여 주는 사례가 바로 별자리와 성격 테스트다.

별자리 관련 책을 보면 사수자리 성격의 특징으로 이런 것들이 있다.

'사수자리 남자는 유머가 있고 밝고 긍정적으로 인생을 즐기며 산다. 자유를 중시하여 자유가 없는 삶은 죽음과 같다고 여길지 모른다.

그는 뛰어난 천마의 형상으로 천지를 품어 우주로 향해 달리며 그 어떤 속박과 한계에도 얽매이지 않는다. 또한, 사수자리 남자는 결과에 집착하지 않으며 삶의 과정에서 즐거움을 최대한 누리길 원한다.'

위 내용을 자세히 들여다보면 대다수 젊은 남자에게 모두 해당되는 특징이라고 볼 수 있다. 자유를 싫어하는 남자가 어디 있을까? 인생을 즐기기 싫은 남자가 있을까? 당연한 결과로, 11월 23일부터 12월 21일 사이에 태어난 남자들 모두 위 내용이 자신의 성격과 꼭 들어맞는다고 여겼다. 모호하고 보편적인 묘사를 내 것으로 받아들이며 맞지 않는 부분은 스스로 등한시해 버리기 때문이다.

만약 사수자리 남자에게 다른 별자리 성격을 보여 준다면, 그것이 어느 별자리든 관계없이 최소 75% 이상이 자신의 성격과 같다고 말할 것이다. 이것이 바로 '바넘 효과'가 가진 '주관적 검증'의 힘이다.

주관적 검증이 우리에게 영향을 주는 이유는 마음속에 무언가를 믿고 기대려는 심리 때문이다. 어떤 사실을 믿기 위해서 그것을 뒷받침해줄 수 있는 여러 가지 근거를 수집한다. 전혀 상관없는 근거일지라도 사람들은 자신의 상상에 부합하는 단 하나의 논리를 찾으려는 경향이 있다.

포러 교수 외에 또 다른 심리학자가 학생들에게 미네소타 다면적 인성 검사MMPI를 실시했다. 그는 학생들에게 검사를 근거로 한 정확한 평가와 애매하고 보편적인 가짜 평가, 두 가지 결과를 모두 보여 주었다. 어느 쪽이 자신의 성격을 잘 맞혔는지를 물어보자 과반수(59%)의 학생들이 가짜 평가를 선택했다.

위 결과로 알 수 있듯이, 사람들은 '정확한 관점'보다 '자신과 관련이 있어 보이는 관점'을 선호한다. 대다수 사람이 자신과 관련이 있다고 여기는 관점이란 어떤 것인가? 바로 그럴듯해 보이지만 실제와는 다른, 누구에게나 해당하는 모호한 관점이다.

'바넘 효과'가 주는 교훈도 있다. '겉으로 그럴듯해 보이는' 모호한 관점 앞에서 자신에 대해 좀 더 냉정하고 신중하게 판단해야 한다는 것이다.

'바넘 효과'는 자신을 정확하게 아는 것을 방해하는 커다란 장애물과 같다. 특히 별자리나 혈액형별 성격 등 허위 내용이 판을 치면서 많은 사람이 허무맹랑한 '성격 풀이'를 자신의 진짜 성격으로 믿어 버린다.

별난 심리연구소

'바넘 효과'는 메타인지에 주목하라는 교훈을 던진다. 자신을 구석구석 들여다보고 자신의 위치는 어디인지, 어느 곳으로 가야 하는지 확실한 자아 인지가 이루어져야 한다. 아주 단순한 '성격 풀이' 같은 경우도 어떤 것이 나이고 또 내가 아닌지, 어떤 것이 명확한 평가이고 모호한 평가인지에 대해 효과적으로 분석해야 진정한 자신을 발견할 수 있다.

머릿속 불필요한
군살 빼기

오컴의 면도날

14세기 영국의 논리학자이자 프란체스코회 수사인 오컴은 "동일한 이론의 논증 과정 혹은 여러 가지 해석과 증명 과정에서 절차를 최소화하고 간결하게 증명하는 것이 제일 효과적이다."라고 말했다. 이 긴 문장을 간략하게 요약해 보면 한마디로 '필요하다면, 곁가지를 늘리지 말라'는 것이다.

그 후 사람들은 이 원리를 '오컴의 면도날 Occam's Razor'이라 부르기 시작했다.

우리는 이 원칙을 어떻게 이해해야 할까?

예를 들어 어떤 사람이 '달은 사실 네모난 것'이라고 하나의 이론을 말한다. 그런데 누군가 '우리가 평소 보는 달은 왜 모두 동그란 것인가?'라고 의문을 가지면 그는 '그것은 달이 영성을 갖고 있기 때문이며, 우리가 달을 보면 그 순간 달은 동그랗게 변한다. 그리고 우리가 몸을 돌려 다른 곳을 보면, 달은 다시 네모난 모양으로 변한다'고 말한다. 이에 반해 '달은 본래 동그란 모양'이라고 다른 가설을 말하는 사람도 있다.

이 두 가지 이론 중 어느 것이 관측 사실에 부합할까? 논리적으로 그것들은 모두 자기 일관성이 있기에 둘 다 부합한다고 볼 수 있다. 그러나 '둥근 달' 이론에 비해 '네모난 달' 이론에 관련된 가설은 불필요한 가정이 너무 많다. 오컴의 면도날에 근거하면 '가장 단순한 것이 진실일 가능성이 높음'으로 우리는 달이 네모난 모양이 아니라 동그랗다고 믿는다.

이 '면도날'은 칼집에서 나온 후 몇백 년간 스콜라 철학과 그리스도 신학 사이에서 끊이지 않던 논란의 질의를 '잘라냈다.' 오컴의 면도날은 수백 년간 검증을 거치며 이론 영역을 뛰어넘어 생활 곳곳에 영향을 미치고 있다.

대표적 사례로, 현재 유행하는 '적을수록 더 좋은' 미니멀리즘이 있다. 경제관리의 영역에서 보면, 이 이론 역시 점점 더 많은 곳에서 응용되고 있다.

미국의 유명한 마케팅 대가 브라이언 트레이시Brian Tracy는 어느 대형 기업의 판매계획 수립에 참여했다. 백만 건의 판매량을 달성하기 위해 회사는 제일 우수한 마케팅 인재를 모집했고 밤낮을 가리지 않고 회의를 열어 토론했다. 그 결과 고객 유형별로 몇십 개의 마케팅 방안을 끌어냈다. 이때 브라이언 트레이시는 이 문제에 '오컴의 면도날 법칙'을 응용하자고 건의했다.

"여러분은 왜 각각 다른 고객들에게 각기 다른 신제품을 판매하기 위해 이렇게 많은 방법을 생각하는 겁니까? 대기업이나 판매자들에게 한 번의 거래로 백만 건의 신제품을 판매하는 것이 더 좋지 않겠습니까?"

이는 며칠간의 토론 결과를 전부 뒤집는 말이었다. 결국 직원들은 다시 한자리에 앉아 '브레인스토밍'을 진행하며 차례차례 각종 방안을 비교했다. 또, 간소화할 수 있는 공통점을 찾아 한 가지 방안으로 통합했다. 마지막으로 그들은 모든 사람의 의견이 일치된 한 가지 방안을 제안했다. 이는 바로 '수백만의 고객을 보유하고 있는 협력 기업에서 신제품을 판매할 때 그 고객들에게 특별한 선물을 증정하는 것'이었다.

이에 따라 수십 개의 방안은 하나의 방안으로 간소화되었고, 고객 선물 리스트를 통해 그들의 목표는 실현될 수 있었다.

사회적 분업이 점점 정교해질수록 관리자들은 점점 완벽해졌으며, 체계화되고 제도화되었다. 각종 번잡한 관료주의적 태도와 잡다한 문서, 빈번한 회의 유형도 그에 따라 많아졌다. 이로 인해 기업의 업무 효율은 상당한 영향을 받게 되었다. 최근 몇 년간 의식 있는 사람들은 점점 더 '수평적 관리'를 추앙하기 시작했고, 행정 절차를 간소화하였으며, 훈련된 편평한 조직 구조를 만들었다.

물론 오컴의 면도날은 잔디 깎는 기계가 아니므로 함부로 마구 벨 수는 없다. 단지 사물의 법칙에 대해 깊이 인식하고 파악한 후 조잡한 것은 제거하고 진짜는 보존하여 복잡한 것을 간소화하는 것이다. 오컴의 면도날에 의존해 마구 폭격을 가하고 심지어 필요한 가지를 베어내는 것은 의심의 여지 없이 잘못된 것이다.

별난 심리연구소

최근 몇 년간, 사람들의 의식 수준이 끊임없이 높아짐에 따라 디자인 면에서는 '미니멀리즘'을 따지고 조직관리에서는 '행정 기구의 간소화'를 추구하고 있다. 아인슈타인의 격언 중 "세상 만사 가능한 한 간결해야 하지만 너무 간단해서는 안 된다."라는 말이 있다. 간결하지만 간단하지 않은 것이 '오컴의 면도날 법칙'의 정확한 사용방식이다.

PART 3

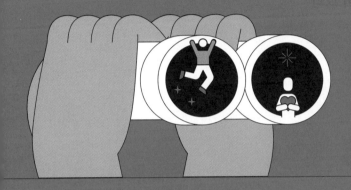

마음을 다스려
고요한 마음을 만나다

감정 오염의
연결고리를 끊어라

걷어차인 고양이 효과

한 기사가 저녁 연회에서 주인에게 꾸중을 들었다. 그는 매우 화가 난 채 자신의 집으로 돌아왔고 제시간에 자신을 맞이하지 못한 관리에게 한바탕 화를 냈다. 관리는 마음속에 울화가 치밀어 집으로 돌아온 후 별것 아닌 이유로 자신의 아내에게 한바탕 욕을 했다. 그러자 억울한 아내는 아들이 침대에서 깡충깡충 뛰는 것을 보고 아들의 엉덩이를 한 대 때렸다. 그 후 엉덩이를 맞은 아이는 기분이 극도로 나빠져 옆에서 뒹굴고 있던 고양이를 발로 찼다. 이것이 바로 '걷어차인 고양이 효과'이다.

심리학자들은 이 우화를 이용해 전형적인 감정의 전염을 묘사했다. 사람의 불만스럽고 불평스러운 감정은 사회관계에 따라 쇠사슬처럼 차례대로 전달된다. 사회적 지위가 높은 사람이 낮은 사람에게 또는 강자가 약자에게 전염시키는 것이다. 결국 감정을 발설할 곳이 없는 최약자가 희생자가 되는 셈이다.

이런 감정 전달 현상은 우리 생활 속에서 흔히 찾아볼 수 있다. 한 사람이 자신의 나쁜 감정을 해소하지 못하면 화풀이 대상을 찾게 되고 다른 사람 혹은 사물에 감정을 전달한다. 또한, 종종 자신보다 약한 사람이나 사물에 화풀이하며 아무 까닭 없이 화를 낼 뿐만 아니라 약자 앞에서 폭력을 휘두르고 강자 앞에서 납작 엎드린다. 그러곤 결국 더 자신을 자책하게 된다. 때로는 자신조차도 옳지 않다는 것을 알면서도 스스로 제어하기 어려워하기도 한다.

우리의 생활 속에서 볼 수 있는 '걷어차인 고양이 효과'는 위 우화와 크게 다르지 않다. '감정 연쇄'는 보편적으로 일어나는 현상이다. 그리고 부인할 수도 없는 사실이다. 예를 들어 어떤 사람의 사업이 잘 되지 않고, 울화가 가득한 얼굴로 집에 돌아와 무언가 눈에 거슬리는 것을 보게 되고, 나쁜 감정을 즉시 다른 가족에게 전염시키면 그에 따라 온 가족이 저녁 내내 심지어 며칠씩 불안감에 휩싸인다. 마찬가지로 화가 쌓인 가족들도 자신의 나쁜 감정을 자제하지 못해 회사에 출근한 뒤 옆 동료에게 자신의 감정을 전염시킬 수 있다.

　이런 감정은 마치 하나의 동그라미처럼, 나쁜 감정을 가진 사람을 중심으로 사방으로 뻗어 나가며 돌고 돈다. 이는 일종의 '감정 오염'이다. 심리학자들의 말에 따르면, 나쁜 감정은 '바이러스'와 같이 사람의 몸에서 다른 사람의 몸으로 전염될 수 있고, 하나가 열이 되고 열이 백이 되어 그 전염 속도가 유형이 있는 바이러스나 세균의 전염 속도보다 더 빠르다고 한다. 전염된 사람은 일촉즉발의 상태로 점점 악화되고, 어떤 때는 나쁜 감정을 가진 사람이 전염자의 몸에 잠복하여 어느 시기가 오면 다시 폭발할 수도 있다. 이러한 나쁜 감정 오염은 우리의 심신에 손상을 입히고, 바이러스나 세균에 의한 질병을 일으킬 수 있다.

　우리는 자신의 감정을 통제하고 조절하는 법을 배워야 한다. 다른 사람의 감정도 원활하게 하는 법을 배워 '걷어차인 고양이 효과' 또는 '감정 오염'의 전염 고리를 끊어야 한다.

　심리학자 랭스 랜든Reims Landon이 그의 블로그에 기록했던 이야기가 하나 있다. 어느 작은 식당에서 한 손님이 앞에 놓인 컵을 가리키며 종업원을 향해 큰 소리로 외쳤다. "거기 종업원 이리로 와봐! 이 우유 상했잖아, 내 홍차를 모두 망쳤어!" 종업원은 급히 말했다. "정말 죄송합니다! 바로 바꿔드리겠습니다." 새로운 홍차는 빠르게 다시 준비되었고 접시 가장자리 옆에 신선한 레몬과 우유가 놓여 있었다. 종업원은 다시 준비한 음식을 고객 앞에 놓으며 작은 소리로 말했다. "선생님, 만약 홍차 안에 레몬을 넣으실 거면 우유는 넣지 마세요. 레몬의 신맛이 우유를 덩어리지게 만들 수 있거든요." 손님은 이 말을 들은 후 작은 소리로 다시 말했다. "감사합니다." 그의 말투 역시 부드러웠다.

마침 랭든은 곁에서 이 모든 걸 지켜보고 있었고 손님이 떠난 후 종업원에게 물었다. "사실 그 우유가 상한 게 아니라 그 손님이 두 가지를 같이 넣어서 그런 것인데 왜 당신은 솔직하게 말하지 않았습니까?" 그러자 종업원은 웃으며 대답했다.

"그가 화를 낸다고 해서 저도 덩달아 화를 낼 수는 없지요. 만약 제가 화를 내면 그가 저에게 다시 화를 낼 거고, 저 역시 또 누군가에게 화를 내지 않겠어요?"

많은 사람이 '걷어차인 고양이 효과'와 비슷한 경험을 겪는다. 감정의 전염은 아주 사소한 자세, 미세한 표정, 단순한 언어와 말투를 통해 다른 사람들에게 전해진다. 결국 자신도 모르는 사이에 상대에게 감정을 옮기는 것이다. '감정 오염'이 우리에게 끼치는 해는 명백하므로 우리는 제때 자신의 감정을 조절하는 것을 배워 나쁜 감정을 다른 사람에게 전염시키지 말아야 한다. 이렇게만 된다면 우리는 햇빛으로 가득한 따뜻한 하루를 살아갈 수 있을 것이다.

고혈압 환자가
화를 잘 내는 이유

야생마 엔딩

아프리카 초원의 야생말이 제일 무서워하는 동물은 흡혈박쥐라고 한다. 흡혈박쥐는 늘 야생마의 다리에 달라붙어 말이 아무리 발버둥을 쳐도 끝까지 태연하게 피를 빨아먹고 나서야 떠나기 때문이다. 결국 말은 어떤 방법을 써도 별 수 없이 산 채로 죽음을 맞게 된다. 그런데 동물학자의 연구에 따르면, 흡혈박쥐가 빨아먹는 피는 극소량이며 야생마에게 전혀 치명적이지 않다는 것이다. 즉, 야생마가 목숨을 잃는 진짜 이유는 흡혈박쥐에게 당한 이후 느끼는 '분노' 때문이었다.

흡혈박쥐는 단지 야생마의 죽음을 유인할 뿐이고 야생마가 이 미끼에 격렬한 감정으로 반응한 것이 직접적 사망의 원인이다. 이에 따라 심리학자들은 사소한 일로 크게 화를 내거나 다른 사람의 과실로 자신에게 해를 입히는 현상을 '야생마 엔딩'이라 부르기 시작했다.

의학 심리학자들도 이와 비슷한 실험을 진행한 적이 있다. 굶주린 개 한 마리를 철창에 가둔 채 철창 밖의 다른 개 한 마리가 그 앞에서 고기를 먹게 했다. 결국 철창 안의 개는 기아 상태로 인한 병리 반응이 나타나기도 전에 이미 조급함을 느끼며, 질투와 분노의 부정적인 감정에 사로잡혀 노이로제 같은 병적인 반응을 보였다.

사실 분노는 정상적인 감정 반응이다. 분노하는 중에 혈액은 팔다리의 끝부분에 대량으로 집중되는데, 이는 사람의 근육을 팽팽하게 하고, 이성적인 사고 대신 감정적인 사고를 사용하여 빠르게 공격 태세를 갖추게 한다.

다시 말해, '분노'라는 감정은 인류가 자신을 보호하기 위한 수단이고, 역경 속에서 눈 깜짝할 사이 보통 때와는 다른 전투력을 확보하는 데 쓸모가 있었다. 인류의 진화사를 보면, 감정과 행동까지의 연동 반응은 수없이 우리 조상들의 생명을 구했다.

그러나 분노는 그 폭발력에 상응하는 만큼 우리 몸에 대한 파괴성 역시 가지고 있다. 순간적인 과부화로 작동하는 기계처럼, 분노가 가져온 폭발력은 인체 기능에 대한 과도한 손실을 야기하기도 한다. 분노는 심장병을 유발하는 요인일 뿐만 아니라 분노로 인해 다른 병에 더 걸릴 가능성이 커진다. 즉, 분노하는 것은 일종의 자살행위나 다름없다. 이를 경고한 한 심리학자는 다음과 같이 말했다.

"인류는 건강할 수 있는 길을 개척해야 하는데, 이를 위해서는 먼저 '관용'을 배워야 한다."

분노는 신체 기관에 해를 입히기 쉬운데, 첫 번째가 바로 심장이다. 만약 자주 분노를 느낀다면, 동맥경화에 걸릴 확률은 마음이 평안한 사람보다 거의 3배나 높다. 격한 감정이 일어날 때 우리의 혈압은 빠르게 상승하고, 혈소판이 뭉쳐져 동맥경화에 걸리기 더 쉬운 것이다.

분노는 식욕 저하를 초래하여 소화기 계통에 병이 나기도 한다. 또한, 분노는 간에 영향을 끼쳐 간을 불편하게 하고 간과 쓸개의 불화를 유발하기도 한다. 고혈압 환자는 화를 잘 내는 특징이 있다. 많은 전문의가 반복해서 환자들에게 다음과 같이 경고한다.

"만약 분노를 자제하지 않는다면 장기적인 고혈압과 심장병이 따라올 것입니다."

미국 워싱턴주에 있는 경찰 서류 중에는 기괴한 사건이 기록되어 있다.

어느 날 작은 식당의 주인인 68세 윌리엄과 그 식당의 요리사가 어처구니없는 이유로 다투었다. 요리사는 무조건 찻잔으로 커피를 마셔야 했는데, 윌리엄은 찻잔으로 커피를 마시는 것은 터무니없는 일이라고 생각했다. 그 때문에 둘은 싸우기 시작했다. 윌리엄은 다툴수록 더 화가 났고 분노에 휩싸여 권총 한 자루를 집어 든 채 요리사에게 고함을 질렀다. 요리사는 재빨리 달아났고 윌리엄은 총을 휘두르며 쫓아갔다. 그 결과 도리어 윌리엄이 쓰러져 죽었다.

윌리엄은 오발로 죽은 것일까? 결코 아니었다. 부검 보고서에 따르면, 윌리엄은 심장병으로 죽었다. 극도의 분노와 더불어 격렬한 움직임까지 더해져 급성 심근경색을 일으킨 것이다.

자신의 몸과 정신 건강을 위해서라도 의식적으로 격한 감정을 통제해야 한다. 분한 감정이 곧 폭발할 것 같을 때는 의식적으로 자기 자신을 통제하고 스스로 이성을 유지해야 한다. 또한, 자신에게 "화내지 마, 분노는 몸을 상하게 할 수도 있어."라고 말해 주는 것이 중요하다. 의학 전문가들은 실험을 통해 분노의 감정을 스스로 잘 억제할 경우 사망률과 심장병 재발률이 크게 떨어진다는 사실을 발견했다.

별난 심리연구소

자신과 다른 사람을 모두 해치는 분노의 감정을 어떻게 효과적으로 억제할 수 있을까? 구체적인 방법은 많다. 그러나 제일 중요한 법칙은 외부 자극에 대한 자신의 인내력과 객관적 평가 능력을 향상하고, 화가 치밀어 오를 때 반복적으로 자신에게 '이건 화낼 가치조차 없는 일'이라고 알려 주는 것이다.

또 다른 중요한 방법은 불평을 다른 사람에게 털어놓고 친한 친구로부터 충고와 위로를 얻는 것으로 분노를 완화할 수도 있다. 혹은 운동이나 음악 듣기, 맛있는 것 먹기 등 주의를 딴 곳으로 돌리면서 분노를 식히고 가능한 한 빨리 그 환경에서 벗어나면 더 큰 분노를 피할 수 있다. 그러면 분노의 감정은 순식간에 사그라든다.

분노의 자루
함부로 차지 마라

헤라클레스 효과

일상에서 자주 볼 수 있는 현상 하나가 있다. 두 사람이 갈등을 빚을 때, 상대방이 보복하려 들면 상대에 대한 원한이 더욱 깊어지고 상대에게 해를 끼치려고 온갖 궁리를 하게 된다. 그 과정에서 양측의 적대감은 점점 깊어지고, 보복의 수단 역시 격해지며, 광적인 보복 행위는 또 다른 이의 원한을 사게 된다. 이런 현상에서 나오는 심리학 개념이 바로 '헤라클레스 효과'다.

헤라클레스는 고대 그리스 신화에 나오는 힘이 아주 센 영웅이다. 어느 날 그는 울퉁불퉁한 길을 걷다가 발끝에서 모양이 불룩한 이상한 자루 하나를 발견했다. 그는 호기심에 자루를 발로 밟았다. 그런데 자루는 터지지 않고 점점 부풀어 올라 그 크기가 2배가 되었다. 헤라클레스는 화가 나 온 힘을 다해 자루를 발로 차버렸다. 자루는 계속해서 더 부풀어 올라 마침내 헤라클라스가 가려던 길을 막아 버렸다. 결국 그 길에 갇혀 빼도 박도 못하게 되었을 때, 한 성자가 다가와 헤라클레스에게 말했다.

"자네가 발로 찬 이 물건은 분노의 자루네. 자네가 분노하면 할수록 이 물건은 점점 커질 것이고, 반대로 더 이상 상대하지 않는다면 그것은 처음처럼 작아질 것이네."

'분노'는 헤라클레스가 우연히 만난 자루와 같다. 만약 우리가 분노를 무시한다면, 그것은 자연스럽게 사라질 것이고, 분노를 상대한다면 그것은 배로 커질 것이다.

'눈에는 눈, 이에는 이' 같은 복수 심리는 인류 사회 초창기에 형성된 일종의 행동 규범으로, 그 목적은 남에게 해를 입히는 모습을 보여줌으로써 '남이 나를 침범하지 않으면 나도 남을 침범하지 않을 것이다'라는 것을 의미한다. 이러한 복수의 본질은 징벌과 위력에서 시작된다. 하지만 그 자체로는 분노를 푸는 데 결코 도움이 되지 않는다.

현재 사회규범이 나날이 성숙해짐에 따라 분노나 복수가 가져오는 실제 사회 가치는 점점 작아지고 이에 대한 개인의 부정적인 작용은 점점 뚜렷해지고 있다. 현대 사회는 원시사회와는 다르게, 사람과 사람 사이의 관계가 더 밀접해졌다. 또한, 협동이나 공생 관계 역시 더욱 강화되었다. 그에 따라 남에게 복수하거나 다른 사람을 적대시하는 행동은 남에게 해를 입히는 동시에 자신에게 불리한 행동이 되었다. 더욱 심한 경우, 문제를 잘 해결할 기회를 양쪽 모두 놓치고, 결국 얻는 것보다 잃는 것이 많아진다. 이와 반대로, 잠깐의 증오를 풀 줄 아는 사람은 타인에 대한 이해, 존중 그리고 신뢰를 얻어 더 많은 협동의 기회를 얻는다.

볼보의 유명 판매 교육 전문가인 윌리엄 할스William Hals는 제2차 세계대전이 일어났을 때, 스웨덴으로 피난을 떠났다. 외국어에 능통한 그는 수출입 회사의 비서직에 지원하고자 했다. 그러나 대다수 회사가 그를 거절했다. 그중 한 사람이 할스에게 쓴 편지에는 이런 말이 있었다.

"보아하니 당신은 비서직에 대해 전혀 이해하지 못하고 있네요. 당신은 스웨덴어도 잘 못하고 이력서는 온통 오타로 가득해요. 이런 비서는 필요하지 않습니다."

편지를 읽은 할스는 매우 화가 나서 즉시 답장을 썼다. 편지에는 온갖 비난과 분노로 가득 찼다. 하지만 편지를 다 쓴 후 그는 발송을 하기 전 스스로에게 말했다.

"잠시 생각해 보자. 설령 그가 편지를 받은 후 화가 나 펄쩍펄쩍 뛴다 한들, 나에게 무슨 의미가 있을까? 왜 우표를 낭비해가며 전혀 가치 없는 일을 해야 하지?"

할스는 방금 쓴 욕으로 가득한 편지를 찢어버리고 다시 한 통의 편지를 썼다. 편지 내용에는 자신의 문법 능력이 그저 부끄러울 뿐이라고 말하며 이를 지적해 준 상대에게 감사를 표현했다.

며칠이 지난 후 할스는 다시 답장을 받았다. 상대의 어휘는 매우 공손했고 이전에 자신이 무례했음을 사과했다. 그는 할스에게 당장 비서 일은 어렵지만 행정 부처에서 먼저 경력을 쌓으라고 조언했고 편지와 함께 고용 계약서를 보내왔다. 할스는 결국 스웨덴에서 첫 직장을 얻을 수 있었다.

할스가 말한 것처럼, 만약 당시 그가 욕이 가득한 편지를 보냈다면 복수에는 성공했을지 몰라도 그 뒤 어떻게 되었을까? 그는 여전히 직장을 구하지 못했을 것이다. 그러나 복수의 마음을 버린 할스는 상대의 호감을 얻었고 동시에 그가 하고 싶은 일도 구할 수 있었다.

별난 심리연구소

인간관계에서 이해 충돌은 필수적이다. 이때 넓은 마음으로 원한을 감싼다면 분노는 자연스럽게 사라질 것이고, 이는 상대에게뿐만 아니라 자기에게도 유익하게 돌아온다. 상대에게 복수심으로 원한을 가지면, 잠깐의 쾌감은 얻을 수 있을 것이다. 하지만 더 큰 원한이 부메랑처럼 돌아온다는 것을 간과해서는 안 된다. 그때의 분노는 걷잡을 수 없이 커져 있을 것이다.

생산성을 높이는
화풀이 방의 마력

호손 효과

'호손 효과Hawthorne effect'는 하버드대학교 심리전문가 엘튼 메이요Elton Mayo 교수가 일리노이주에 있는 호손웍스 공장의 근로자를 대상으로 진행한 생산성 실험에서 발견한 현상이다. 기간은 1924년부터 1933년까지로 약 10년에 걸친 장기간의 실험이다.

1924년 11월, 메이요 교수의 연구팀은 미국 서부에 있는 전기 회사인 호손 공장을 찾았다. 연구의 최초 목적은 작업 조건과 환경 등 외부적 요인을 개선했을 때 노동 생산성을 얼마나 높일 수 있는지를 알아보는 것이었다. 그들은 먼저 전기 작업장에서 일하는 6명의 여성 노동자들을 관찰 대상으로 정했다. 7개의 단계적인 실험

중 근로자들의 임금, 휴식시간, 점심 식사, 조명 등의 조건을 계속해서 바꾸고 이러한 외적 요인과 노동 생산성 사이에 어떤 관계가 있는지 발견하고자 했다. 그러나 유감스럽게도 외적 요인의 변화에도 불구하고 실험자들의 생산성은 조금도 오르지 않았다.

정확한 실험을 위해 메이요 교수 연구팀은 다시 약 2년간 근로자를 찾아가 인터뷰를 했고, 2만 명에 달하는 사람들의 의견을 인내심 있게 경청했다. 이 과정 중 근로자들은 그들이 하고 싶은 말을 마음껏 하며 자신의 부정적인 감정도 마음껏 털어놓을 수 있었다. 그 결과 호손 공장의 생산성은 점점 높아졌다.

바로 이러한 감정 표출이 작업자들이 일하며 쌓이는 스트레스를 해소할 수 있게 도와준 것이다. 또한, 연구팀의 경청은 그들이 관심받고 있음을 느끼게 했고 근로자들은 자신이 우수하다는 것을 스스로 증명해 보이기 위해 2배로 열심히 일했다. 이는 주목할 만한 결과였다. 이러한 기묘한 현상을 그때부터 '호손 효과'라고 부르기 시작했다.

감정 표출은 곧 심리적 균형으로, 심리 건강을 유지하고 강화하는 중요한 방법이다. 부정적인 감정이 생겼을 때, 무턱대고 통제하거나 억압할 것이 아니라 적절한 방식으로 부정적인 감정을 해소할 출구를 찾아 자신에게서 멀어지게 해야 한다.

감정은 반드시 표출되어야 하지만 그 방법은 합리적이어야 한다. 여기에는 몇 가지 방법이 있다. 부정적인 감정이 떠오르면 첫째, 남에게 화풀이하지 말아야 한다. 둘째, 자신의 뺨을 때리거나 욕하거나 심지어 자해하는 등 스스로 해를 입히며 분노를 자신에게 표출해서는 안 된다. 셋째, 다른 사람 앞에서 소리 지르고 소란을 피우거나 물건을 던지는 등의 행동을 하지 말아야 한다. 이러한 행동은 자신의 감정은 표출될지 몰라도 다른 사람에게 나쁜 감정을 전염시켜 '감정 오염'을 일으킨다. 또한, 자신의 체면에 손상을 입혀 일에 도움이 되지 않을 뿐만 아니라 사태를 더욱 악화시켜 자신에게 더 큰 해를 가져올 수도 있다.

일본의 마쓰시타 기업은 직원들의 감정 관리를 매우 중시한다. 직원들의 감정이 일의 생산성과 크게 관련 있다고 생각해 이 방면에 많은 궁리를 하고 공을 들였다. 대표적인 예로 '화풀이 방'을 들 수 있다. 마쓰시타의 각 생산 기지에는 은밀한 방 하나가 마련되어 있었다. 그 방 안에는 사람 모양의 샌드백이 있다. 어떤 직원이든 화가 나거나 가슴이 답답할 때는 이 방에 들어가 사람 모양의 샌드백에게 큰 소리로 화를 내고, 주먹으로 때리고 발로 차며 부정적인 감정을 표출할 수 있었다.

'화풀이 방'이 생긴 후, 기업의 심리학 전문가들은 '화풀이 방'에

출입하는 직원들을 세밀하게 관찰하기 시작했다. 그 결과 85% 이상의 직원들이 방으로 들어갈 때는 우울해 보이거나 화가 나 보였지만 나올 때는 홀가분한 표정이었다. 그 후 통계를 통해 이러한 '표출' 후의 사업 실적이 '표출' 전보다 훨씬 상승한 것을 발견할 수 있었다.

마쓰시타가 사용한 방법은 극단적일 수도 있겠지만 심리학적 측면에서 사용되는 방법이기도 하다. 이를 통해 우리에게 말해 주는 한 가지는 감정 표출이 개개인의 심리 건강에 무시할 수 없는 작용을 했다는 점이다.

심리학 측면에서 분석해 보면, 부정적인 감정이 쌓이면 사람의 정신과 마음에 심각한 영향을 끼칠 수 있다. 이는 개인의 건강뿐만 아니라, 인간관계를 해칠 수도 있다. '호손 효과'가 우리에게 말하는 것은 직장이나 일상생활에서 일어나는 많은 감정 중 일부 부정적인 감정을 절대 억눌러서는 안 되며 여러 방법으로 표출하는 게 좋다는 것이다. 감정 표출은 어떤 물질적인 동기부여보다 훨씬 효과가 크기 때문이다.

별난 심리연구소

심리학자들은 감정에 관한 깊은 연구를 통해 감정 표출의 수단은 주로 난폭한 행동, 하소연 그리고 슬픔의 표출, 세 가지로 이루어져 있다는 것을 발견했다.

마쓰시타의 '화풀이 방'은 난폭한 행동 표출에 속하고, 호손실험 중 진행한 인터뷰는 하소연 표출에 속하며, 그 외에 목 놓아 우는 것은 슬픔의 표출이다. 중요한 사실은 이러한 연구를 통해 정서적인 눈물은 다른 눈물과 달리 유독물질이 있어 혈압 상승을 야기하고 심장을 더 빨리 뛰게 하며, 소화 불량 등의 안 좋은 증상을 발생시킨다는 것이다.

따라서 눈물을 통해 유독 물질을 몸에서 배출해야 몸과 마음이 모두 가볍고 맑은 기분을 되찾을 수 있다. 만약 실제로 어떻게 감정을 표출해야 하는지 모르겠다면, 한바탕 크게 울어보는 것도 좋다.

걱정을 해서 걱정이 없다면
걱정이 없을 것이다

카렐 공식

윌리 카렐Willie Carell은 뉴욕 버팔로에 있는 강철 회사의 엔지니어였다. 어느 날, 카렐은 미주리주에서 가스 청소 기계를 설치하고 있었다. 하지만 기계를 설치하고 나자 생각보다 회사가 보장하는 품질에는 미치지 못함을 깨닫게 되었다. 그러자 카렐은 몹시 초조해졌다. 그러나 카렐은 초조함이 어떠한 문제도 해결할 수 없다는 사실을 깨닫고, 사고의 방향을 바꿔 이 문제를 다시 생각해 보았다.

그는 이렇게 생각했다. '이 일이 가져올 수 있는 제일 안 좋은 결과가 무엇일까?' 그것은 사장이 기계 전체를 뜯어낸 후 자신을 해고하는 것뿐이었다. 제일 안 좋은 결과를 생각한 후, 카렐은 자신에게 말했다. '만약 회사에서 해고되면 난 어떻게 하지?' 곧 카렐은 당시 기계 수리 엔지니어 수가 부족해 새로운 일자리 구하기가 생각보다 어렵지 않다는 것을 알았다. 다시 말해, 제일 안 좋은 결과 역시 받아들일 수 있는 정도라는 것이다.

이런 사고 과정을 거치자 카렐은 점차 차분해졌다. 그 후 몇 번의 테스트를 거쳐 100만 원을 더 들여 설비를 좀 더 조립하면 문제는 자연스럽게 해결되리라는 것을 알았다. 그 결과 회사는 손해를 보지 않았고 완벽한 개선 방안을 얻었으므로 카렐 역시 해고될 위험이 없었다.

그 후 성공학의 대가인 데일 카네기Dale Carnegie는 카렐의 경험을 통해 근심 걱정을 해결하는 종합적인 방법을 정리해 '카렐 공식'이라고 명명했다.

『걱정을 멈추고 즐겁게 사는 법』에서 카네기는 '카렐 공식'에 대해 정의했다. 가장 나쁜 상황에 직면했을 때 먼저 정신적으로 받아들이고 침착하게 집중하여 문제를 해결하면 걱정의 근원을 지울 수 있다고 말했다.

'카렐 공식'의 사용법은 사실 매우 간단한 세 가지 절차가 있다.

첫 번째, 먼저 두려움을 없애고 이성적으로 전체적인 상황을 분석한다. 그 후 실패했을 때 발생할 수 있는 제일 나쁜 상황이 무엇인지 찾아낸다.

두 번째, 발생 가능성이 있는 제일 나쁜 상황을 찾아낸 후 그것을 받아들일 수 있어야 한다. 이렇게 하면, 비록 상황을 돌이킬 수 없더라도 우리는 빠르게 털어낼 수 있다.

세 번째, 최악의 상황을 받아들이면 우리는 생각보다 평화로운 마음을 갖게 되고 힘을 쏟을 수 있는 에너지도 생긴다. 그러면 최악의 상황을 개선할 수 있는 방법도 모색할 수 있다. 이렇게 적절히 대처한다면 우리는 빠르게 가장 나쁜 상황에서 벗어날 수 있다.

그러나 만약 우리가 계속 걱정만 한다면 아마도 문제는 영원히 해결되지 않을 것이다.

걱정의 안 좋은 점은 우리의 집중력을 망친다는 것이다. 우리가 걱정하고 우려할 때, 생각은 여기저기 흩어져 돌아다니고 결정 능력 또한 상실된다. 우리가 가장 나쁜 상황에 직면할 때 더 나아가 그것을 정신적으로 받아들이면, 발생 가능한 모든 상황을 고려할 수 있게 되고 집중해서 문제를 해결할 수 있는 위치에 자신을 놓을 수 있다. 즉, 더 이상 걱정하지 않을 때 비로소 많은 문제가 저절로 해결될 것이다.

영국의 심리 박사 로빈 한스Robin Hans의 치료 기록 중에는 이런 사례가 실려 있다.

한스의 친구 에일 헨리는 심각한 우울증으로 위궤양에 걸렸는데 먹을 수 있는 것은 오직 소다 가루뿐이었다. 그는 매시간 반 숟가락씩 소다 가루를 물에 타 먹었고, 매일 아침저녁으로 간호사가 고무 튜브를 가져와 그의 위장에 꽂고 그 안에 든 것을 씻어 냈다. 이런 상태가 몇 개월 계속되자 한스는 헨리에게 한 가지 제안을 했다. "헨리, 의사가 너의 병이 치료되지 않는다고 말한 이상, 결국 제일 최악의 상황은 죽음뿐이야. 너는 줄곧 죽기 전에 세계 일주를 하고 싶어 했으니 지금이라도 가서 이 소원을 이뤄 보자."

헨리는 한스의 제안을 받아들였다. 그는 곧장 관 하나를 산 후 상선 회사에 의뢰해 배에 실었다. 만일 자신이 죽으면, 시신을 관에 넣어 영국으로 보내 달라고 했다. 그 후 헨리는 세계 일주 여행을 시작했다. 그런데 신기하게도 그는 여행을 시작한 후 몸이 훨씬 좋아진 것 같은 느낌에 점점 약을 먹지 않게 되었고 위를 씻어 낼 필요도 없었다. 그렇게 몇 주가 지난 후, 그는 심지어 담배를 피우고 위스키도 마실 수 있었다.

여행이 끝난 후 그의 위경련은 기적적으로 약의 도움 없이 완쾌되었다. 로빈 한스가 살았던 시절, '카렐 공식'은 세상에 나오지 않았지만, 그가 헨리에게 한 제안 중 '카렐 공식'의 진수가 숨겨져 있었던 것이다.

첫 번째, 죽음이라는 제일 나쁜 상황을 찾아낸 것.

두 번째, 죽음을 받아들일 수 있다는 것과 세계여행을 실천한 것.

세 번째, 즐거운 기분으로 여행하고, 위궤양이 호전되는 등 현실을 개선한 것.

별난 심리연구소

심리학에 '사지 저장 효과(과거에 집착해 현실에 적응하지 못함_역주)'라는 현상이 있다. 이는 사람의 신체 중 일부가 잘려나갔음에도 불구하고 마음속으로는 꽤 오랜 시간 그 잘린 일부에 대한 존재감과 지배욕을 느끼며 신체 일부를 잃어버린 현실을 받아들이지 못하는 것이다.

현실에서도 어떤 사람들은 자신이 처한 상황을 직시하지 못하고 비현실적인 세계에 숨어 걱정만 하며 엄청난 스트레스를 받는다. 카렐 공식은 우리에게 낡은 것을 붙잡고 과거에 집착하기보다는 과감히 포기하는 것이 잠을 깬 뒤 날이 밝아오는 것처럼 우리에게 행복을 가져다 준다고 말한다.

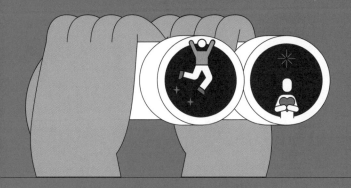

PART 4

나를 끌어올려
성공과 만나다

잘할 가능성을 두려워하는
이상한 심리

요나 콤플렉스

'요나 콤플렉스Jonah complex'는 미국의 유명 심리학자 매슬로A. H. Maslow가 제기한 심리학 현상이다. 매슬로는 '요나 콤플렉스'를 이렇게 묘사했다.

> "우리는 가장 완벽한 순간과 조건 아래에서도 변화를 두려워하고, 크게 용기를 낸다고 해도 상상하는 데 그친다. 하지만 동시에 우리는 이러한 가능성을 몹시 추앙한다."

즉, 요나 콤플렉스는 일종의 '성공했을 때의 두려움' 또는 '실패에 대한 두려움'으로 자신의 능력을 과소평가하며 성장을 회피하는 심리현상이다.

요나 콤플렉스라고 이름 붙인 것은 성경에 나와 있는 기록 때문이다. 성경 속 예언자 요나는 하나님의 명을 받는데, '니느웨(아시리아의 대도시)로 가서 그 도시가 죄악으로 가득 차 하나님의 심판을 받을 것'이라는 말씀을 전하는 일이었다. 이는 본래 얻기 어려운 사명인 동시에 매우 높은 명예이고, 요나가 평소에 동경했던 것이었다. 그러나 요나는 이 사명과 명예를 실제로 받아들이자 몹시 두려움을 느꼈다. 그는 이런 기회를 오랫동안 간절히 바랐지만, 진짜 기회를 만났을 때는 도망가 버렸고, 도망간 후에는 점점 움츠러들어 매슬로가 말한 요나 콤플렉스에 빠졌다. 이러한 심리는 우리에게 자신이 잘할 수 있는 일을 하지 못하게 만들며 자신의 잠재력을 찾는 것도 피하게 만든다.

요나 콤플렉스는 일종의 모순된 현상으로 볼 수 있다. 누구나 실패를 두려워하기 마련인데, 자신이 잘하지 못할 가능성을 두려워하는 것이다. 한편 사람들은 자신이 잘할 가능성 역시 두려워하는데, 이는 이해하기 어려운 현상이다. 확실한 것은, 사람들은 성공을 갈망하는 동시에 성공을 두려워한다는 점이다. 성공의 기회를 잡는 것은 그만큼 노력을 기울이는 것이며, 예측할 수 없는 많은 변화에 직면해 실패할 수 있는 위험을 감수하는 것이기 때문이다.

요나 콤플렉스는 우리의 내면에 있는 스트레스를 균형 있게 표현한다. 사실 우리 모두에게는 성공의 기회가 있다. 그러나 그 기회 앞에서, 오직 소수의 사람만이 이런 스트레스를 대담하게 돌파하고 자신의 요나 콤플렉스를 벗어던지며 결국 기회를 잡아 성공을 얻는다.

독일 방송에 〈누가 미래의 백만장자인가〉라는 프로그램이 있었다. 이는 두뇌 게임 프로그램으로, 문제를 풀면 푸짐한 상품을 획득할 수 있다. 그런데 이 게임에는 작은 함정이 있었는데 매번 관문을 넘을 때마다 상금을 받은 후 바로 다음 관문으로 갈지 여기서 멈출지 참가자들 스스로 선택해야 했다. 다음 관문의 상금은 이전 관문보다 훨씬 더 많았고, 마지막 관문에서는 총 100만 원의 상금을 받을 수 있었다. 그러나 문제는, 만약 다음 관문을 넘지 못하면 이전에 받은 상금은 모두 물거품이 되는 것이었다.

프로그램이 실제 방영되기 몇 주 전까지 100만 원의 상금을 받은 참여자는 없었다. 끝까지 도전해 볼 능력이 있는 참가자들이 모두 중간에 그만두었기 때문이다. 대부분 10만 원 정도의 상금이 쌓였을 때 문제 풀기를 포기하고 게임을 그만뒀고, 고비를 넘기고 마지막까지 싸운 참가자는 끝내 없었다.

몇 년 후, 크레마라는 한 청년은 10만 원의 상금을 받은 후 계속해서 게임에 도전했다. 그는 전례를 깨고 50만 원의 상금이 걸린 관문에 도전했고, 고심 끝에 포기하지 않고 다시 100만 원의 상금이 걸린 관문에 도전했다. 그 결과, 그는 프로그램이 방영된 이래 첫 번째로 100만 원의 상금을 받을 수 있었다.

현지 언론의 논평에 따르면 크레마의 성공은 그의 지식 때문이 아니라 그가 가지고 있는 심리 성향과 야망 때문이었다는 것이다. 사실 50만 원의 상금을 받은 후 나온 문제는 모두 간단했고 조금만 생각해 보면 쉽게 답을 얻을 수 있었다. 그러나 대부분은 이 관문에 도전할 용기가 없었다.

요나 컴플렉스는 우리가 자기 자신에게 도전하는 것을 방해하고 그들 스스로 '시도하지 않으면 실패하지 않고, 실패하지 않으면 더 큰 손해를 입지 않을 것이다'라고 믿게 만든다. 이는 전형적인 자기 방어 기제로, 비록 그들이 크레마보다 더 유능하고 지식이 풍부할 지라도 크레마가 도달한 높이까지 도달할 수 없게 만든다. 대부분 사람은 그저 한평생 평범할 수밖에 없고 소수만 성공할 뿐이다.

별난 심리연구소

'요나 콤플렉스'가 위험한 이유는 자신의 진짜 능력을 과소평가하기 때문이다. 안정적인 상황을 추구하려는 인간의 본능으로 인해 자신의 능력을 발휘했을 때 변화되는 상황을 두려워해 미리 자신의 능력을 저평가하는 것이다.

인생의 새로운 국면을 개척하기 위해서는 반드시 자신 안에 있는 '요나 콤플렉스'를 깨뜨리고 대담하게 자기 자신을 돌파하고 추월해야 한다. 세상에 못 할 일은 없다. 두려움에 하지 않을 뿐이다.

뛰어오를 수 있을 만큼의 목표를 세워라

로크 법칙

미국 메릴랜드대학교 심리학 교수 에드윈 로크E. A. Locke는 1968년 유명한 목표 설정 이론을 제기하였는데 이는 이후 '로크 법칙'으로 불렸다.

'로크 법칙'이 가리키는 것은 목표가 미래지향적이고 도전 정신으로 가득 차 있을 때 더욱 효과적이라는 것이다. 로크는 농구 골대를 예로 들었다. 농구대의 높이는 꽤 합리적이다. 만약 농구대의 높이가 건물의 2층 높이만큼 높다면 골을 넣는 것은 불가능하다. 반대로 만약 농구대의 높이가 보통 사람의 키와 비슷하다면 그만큼 골을 넣기가 쉽지만 도전정신이 생기지 않아 이내 재미가 반감이 된다.

농구는 일반 사람이 충분히 뛰어오를 수 있을 만큼의 적당한 높이의 기구로 사람들에게 도전 정신과 재미를 주는 운동이다. 도전성과 합리성이 아름답게 균형을 이뤄 많은 사람이 좋아하는 운동으로 발전한 것이다.

목표는 높을수록 좋은 것이 아니며 오히려 더 실현하기 어렵다고 말한다. 농구대처럼 합리적으로 '뛰어오를 수 있을 만큼'의 목표라면 적극성을 가장 잘 자극할 수 있다. 그 이유로 로크 법칙을 '농구대의 원리'라고도 부른다. 로크 법칙과 벼룩 효과는 상호 보완적이다. 벼룩 효과는 너무 낮은 목표 설정은 사람의 능동성을 떨어뜨린다고 말하는 반면, 로크 법칙은 너무 높거나 현실과 맞지 않는 목표는 적극성을 떨어뜨린다고 말한다.

'수학의 왕'이라고 불리는 독일의 수학자 카를 프리드리히 가우스Carl Friedrich Gauss는 19세 때 모두에게 충격을 안겨주는 일을 벌인다.

1796년 어느 저녁 무렵, 독일의 괴팅겐대학교에 다니던 가우스는 저녁 식사 후 교수님이 내준 수학 문제 세 가지를 풀기 시작했다. 2시간이 채 지나지 않아 두 문제를 거뜬히 푼 가우스는 마지막 세 번째 문제에서 난관을 겪었다. 문제는 작은 종이에 써 있었는데,

컴퍼스와 눈금이 없는 직선 자 하나로만 정십칠각형을 그리라는 내용이었다. 그는 이제껏 자신이 배웠던 모든 수학 지식이 이 문제를 푸는 데 아무런 도움이 되지 않는다는 것을 깨달았다. 밤이 깊어가는데도 문제 풀이에는 여전히 아무런 진전이 없었다.

그런데 이 난제는 가우스의 투지를 불러일으켰다. 지금껏 가우스는 매번 완벽하게 교수가 내준 문제를 풀었고, 문제를 푸는 것은 그에게 어려운 일이 아니었다. 이번 문제 역시 예외가 될 수 없었다. 그래서 그는 컴퍼스와 직선 자를 가지고 한편으로는 깊이 생각하고 한편으로는 종이 위에 그려 보면서 일반적이지 않은 생각들로 답을 찾으려고 시도했다. 다음 날 아침, 가우스는 마침내 긴 한숨을 내쉬며 이 난제를 완성했다.

교수를 만났을 때, 가우스는 조금 부끄러운 듯이 말했다. "교수님이 내주신 세 번째 문제를 밤을 꼬박 새워 정리하긴 했는데 교수님이 저에게 보이신 기대를 저버리게 되었습니다."

교수는 가우스의 숙제를 받아 본 후 너무 놀라 멍해졌다. 교수는 떨리는 목소리로 가우스에게 말했다. "자네가 스스로 만들어낸 것인가?" 가우스는 대답했다. "제가 만든 게 맞습니다. 다만 빠르게 풀지는 못했고, 하룻밤을 꼬박 새웠습니다."

교수는 가우스를 앉힌 후, 책상 위에 종이를 펴고 컴퍼스와 직선 자를 꺼내 그에게 다시 자신 앞에서 정십칠각형을 그려 보라고 말했다. 가우스는 빠르고 능숙하게 정십칠각형을 그렸고 교수는 격앙된 목소리로 그에게 말했다.

"자네가 푼 문제는 2000년이 넘는 세월 동안 풀지 못했던 난제야! 옛날부터 지금까지 아르키메데스도 풀지 못하고, 뉴턴도 풀지 못한 문제를 자네는 단지 하룻밤 안에 풀어냈네! 자네 정말 천재가 맞아!"

알고 보니, 교수 역시 계속 이 난제를 풀고자 노력했는데 실수로 난제가 적힌 쪽지가 가우스에게 전해진 것이었다.

그 후 가우스는 근대수학의 창시자 중 한 명이 되었고, 아르키메데스, 뉴턴과 함께 세계 3대 수학자가 되어 평생 큰 성과를 이루어 냈다. 그러나 그때를 기억할 때마다 가우스는 이렇게 말했다.

"만약 누군가 그 문제를 2000년 동안 풀지 못한 난제라고 제게 말했다면 저는 영원히 그 문제를 풀지 못했을 겁니다."

결국 사소한 실수가 전설을 만들어냈다. 가우스의 목표는 단지 교수가 낸 문제를 푸는 것이었고, 이 목표는 그다지 어렵지 않았으며, 단지 노력하면 이룰 수 있다고 믿었다. 적절한 목표는 로크 법칙에 따라 가우스에게 최대 작용을 발휘했고 자신의 모든 지혜를 동원해 순조롭게 이 난제를 해결하게 도왔다.

생각해 보자. 만약 그가 당시에 이 문제가 '2000년 동안 누구도 풀지 못한 난제'라는 사실을 알았다면, 가우스의 목표는 '하룻밤 만에 역사상 위대한 수학자를 뛰어넘어 천년의 난제를 풀어내는 것'으로 바뀌었을 것이고, 비록 이 목표는 웅대할지라도 동기부여의 역할은 하지 못했을 것이다. 그것은 터무니없이 높은 목표처럼 들리고 불가능해 보이기 때문이다.

별난 심리연구소

목표는 매순간 매우 중요한 역할을 한다. 무엇보다 목표가 바르게 세워질 경우, 우리는 예상치 못한 잠재 능력까지 끌어낼 수 있다. 하지만 자신의 능력 밖의 목표를 세울 경우는 오히려 가지고 있던 능력도 제대로 발휘하지 못할 가능성이 크다. 동기부여가 되지 않아 중도포기하기 때문이다. 이것이 바로 '로크의 법칙'이 우리에게 주는 큰 시사점이다. 목표는 높아야 하지만 동시에 합리적이어야 한다.

사랑하는 것을 선택하고, 선택한 것을 사랑하라

발라흐 효과

독일의 화학자 오토 발라흐Otto Wallach가 중학생이던 시절, 발라흐의 부모는 그가 문학가가 되길 원했다. 그러나 뜻밖에도 한 학기가 지나고 선생님은 부모에게 이런 내용의 평가를 보냈다.

"발라흐는 열심히 공부하지만, 융통성이 없고 문학 창작력이 약한 편입니다."

그 후 발라흐는 유화를 배우기 시작했다. 그러나 발라흐는 예술쪽으로 재능이 전혀 없었고 구도와 색조 등 기본기에 대한 이해력이 부족했다. 학교 측이 평가한 것은 더욱 받아들이기 힘든 내용이었다.

"너는 예술 방면에서 그럴듯한 성과를 내기는 힘들 것 같다."

발라흐의 부모는 절망감을 느꼈다. 그러나 다행히 아들의 화학 선생님은 발라흐가 꼼꼼하게 화학실험을 준비하는 모습을 보고 그에게 화학 공부를 권했다. 생각지도 못했던 화학 분야에서 발라흐의 지혜는 불꽃처럼 타올랐고, 22세가 되던 해에 박사학위를 따고, 결국 노벨화학상을 받는 쾌거를 이뤘다.

이처럼 모든 사람의 지적능력 발달은 균등하지 않고, 누구든 강점과 약점을 모두 지니고 있다. 일단 자기의 지적능력의 최고점을 찾으면, 잠재력은 충분히 발휘될 수 있고 곧 놀라운 성과를 거두게 된다. 이런 현상을 우리는 '발라흐 효과'라고 부른다. 발라흐 효과를 언급하며 빼놓을 수 없는 것은 유명한 '나무통의 원리'이다.

'나무통의 원리'는 미국의 관리학자 로렌스 피터Laurence J. Peter가 가장 먼저 제기한 이론이다. 이 이론에서 말하는 것은, 나무통 하나에 얼마만큼의 물을 담을 수 있는지 정하는 것은 가장 긴 나무토막이 아니라 가장 짧은 나무토막이라는 것이다. 그래서 '나무통의 원리'를 '짧은 나무토막 효과'라고도 한다.

얼핏 보면, '발라흐 효과'와 '나무통의 원리'는 완전히 정반대의 이야기를 하는 것처럼 들린다. '발라흐 효과'는 자신이 가진 가장 큰 장점을 발굴하는 것이고, '나무통의 원리'는 단점을 찾아내 보완하는 것이기 때문이다. 이처럼 강점 관리와 단점 보완을 동시에 하는 것은 현실 생활에서 실현되기는 어려워 보인다.

그렇다면 '발라흐 효과'와 '나무통의 원리' 둘 중 어떤 것이 더 중요할까? 사실, 두 가지 원리는 모순되는 것이 아니라 단지 활용되는 범위가 다를 뿐이다.

'나무통의 원리'는 일종의 관리학 이론으로 조직관리에 사용되며, 조직에서 뒤처지는 위치에 있는 부분에 중점을 둔다. '발라흐 효과'는 반대로 개인 능력 관리에 활용되며, 개인의 발전에서 장점을 더 강화하고 약점을 피하는 것에 중점을 둔다. 따라서 만약 나무통의 원리를 이용해 개인의 발전을 지도하면, 자신이 잘하지 못하는 분야에 많은 힘을 쏟게 되고, 그 결과 무소불위의 다재다능한 인재를 키워낼 수도 있다. 그러나 주목할 점은 분업이 날로 세분화하면서 현대 사회에서 진정으로 필요로 하는 인재는 어떤 방면에 특별한 재능을 지닌 '전문가'라는 사실이다.

20세기 중후반, 과학기술의 발전이 눈부실 때 우수한 기술자들이 우후죽순으로 쏟아져 나왔다. 그런데 왜 그중 빌 게이츠나 스티븐 잡스만이 과학기술 분야에서 독보적인 위치를 차지하였을까?

일찍이 IBM이 독점하던 시대에 빌 게이츠는 IBM 같은 우두머리들이 스스로 깨닫지 못하는 난관에 빠져 있다는 것을 한눈에 알아

챘다. 그들에 비해 빌 게이츠는 트렌드를 파악하는 능력과 시장을 보는 안목이 있었고, 이는 그의 기술력을 훨씬 능가하는 진정한 강점이었다. 그는 그의 적수보다 더 정확하게 미래 과학기술의 트렌드를 파악했다. 그래서 처음부터 마이크로소프트는 시장 방향에 대한 주도권을 가질 수 있었고 기술의 세부 관리를 위해 이 방면에 가장 뛰어난 기술을 지닌 그린버드에게 그 일을 맡겼다.

빌 게이츠의 주도 아래, 마이크로소프트 사는 신제품을 개발해 사업의 중심을 만들어냈고, 끊임없는 시장의 요구에 따라 쓸모없는 것은 버리고 새로운 것을 찾아내며 세계 정보산업 시장의 미래가 되었다.

일본 '경영의 신' 마쓰시타 고노스케는 이런 말을 한 적이 있다.

> "인생 성공의 비결은 자신의 개성과 장점을 관리하는 것이고, 장점을 관리하는 것은 자신의 인생을 가치 있게 만들 수 있다. 그렇지 않으면, 반드시 자신의 인생을 평가절하하게 될 것이다."

이처럼 우리가 인정하든 안 하든, 각자에게는 '천부적인 재능'이 존재한다. 앞서 이야기했듯이 발라흐 효과는 자신의 단점을 완전히 포기하는 것이 아니라, 제한적인 시간과 힘을 가장 뛰어난 영역에

쏟아 최고의 효과를 얻는 것을 말한다. 발라흐가 만약 자신의 힘을 분배해 문학이나 예술에 조금씩 소비했다면 과연 성공할 수 있었을까? 화학 분야에서 그가 이룬 업적에는 절대 미치지 못했을 것이다.

매일 우리는 많은 일을 하고 있다. 어떤 일에는 반나절의 힘을 쓰기도 하며 심지어 자신의 마음속 깊은 곳에서는 이 일이 무의미하다고 생각하기도 한다. 결국 '반드시 해야 하는 것'이기 때문에 끝까지 할 뿐이다. 이때, 마음속은 서로 뒤엉키고 후회로 가득 차고 그저 빨리 일을 끝내고 싶어 하며 일의 성과를 끌어낼 내적 동력을 잃는다. 그 때문에 어떤 일을 하든 상관없이, 마음속에 자신만의 잣대를 가지고 어떤 일이 스스로 가치 있다고 여기는 일인지, 스스로 의미가 있다고 생각하는 일인지 생각해야 한다.

"당신이 사랑하는 것을 선택하고, 당신이 선택한 것을 사랑하라."

이것을 염두에 두어야 한다. 그래야만 우리의 투지를 불러일으킬 수 있고 비로소 편안해질 수 있다. 또한, 자신의 가치를 실현하는 최선의 길은 자신이 진짜 하고 싶은 일을 하는 것이다. 만약 당신이 사업에 성공한 사람들에게 "어떻게 사업을 성공적으로 이끌 수 있었느냐?"라고 묻는다면 대부분은 "나는 내 사업을 매우 좋아하기 때문이다."라고 답할 것이다.

중국의 사상가이자 교육가인 후스 선생은 일찍이 이런 말을 한 적이 있다.

> "시를 짓는 천부적인 재능이 있는 사람이 국문학과에 들어가 시를 짓지 않고, 굳이 의대에 가서 외과를 공부한다. 그러면 문학계는 한 명의 일류 시인을 잃는 것이고 의료계는 반대로 삼류, 사류, 심지어 오류의 외과 의사를 하나 더 얻을 뿐이다. 이는 국가적 손실이며 자기 자신의 손실이다."

명백한 점은, 우리는 객관적으로 자신을 평가하지 못하고 적당한 자신의 위치를 찾지 못해 자신의 재능을 그냥 썩힐 때가 있다는 것이다. 자신에게 제일 적합한 것을 선택하지 못하는 것은 아주 큰 실수이며, 옳은 선택을 하더라도 자신의 선택을 유지하지 못한다면 이 역시 큰 실수가 된다.

토니 로빈스Tony Robbins는 "인생은 오랫동안 우리의 끈기를 시험한다. 꾸준히 지속할 수 있는 사람만이 최고의 상을 받을 수 있다."라고 말했다. 우리는 자신에게 가장 적합한 일을 찾아야 하고, 또한 그것을 열렬히 사랑하고 지켜야 한다. 이렇게 하면 우리는 비로소 안정적으로 인생의 방향을 조정할 수 있고 나아가 정확한 목표를 향해 모든 힘을 쓸 수 있다.

오래전, 영국에 크리스토 라이언이라는 젊은 건축 설계사가 있었다. 그는 운 좋게 윈저시 정부 시청의 로비 설계를 맡게 되었다. 구조역학 지식과 자신의 경험을 합쳐 기둥 하나로 홀의 천장을 지탱하는 방안으로 로비를 설계했다. 1년 후, 시 정부는 전문가에게 검수를 요청했다. 전문가는 그의 설계에 이의를 제기했다. 전문가는 하나의 기둥으로 천장을 지탱하는 것은 매우 위험하다고 여겼고 그에게 몇 개의 기둥을 더 추가할 것을 요구했다. 그러나 그는 "오직 하나의 기둥을 사용하는 것이 이 홀이 얼마나 견고한지를 보증합니다."라고 말했다. 그는 유사한 사례를 열거하고 그 이유를 상세히 설명하며 전문가의 건의를 거절했다. 그러나 그의 고집은 시청 고위 관리자들을 화나게 했고, 그로 인해 하마터면 법정에 설 뻔했다.

그는 결국 어쩔 수 없이 시청 로비에 기둥 4개를 추가했고 그제야 다른 전문가들은 만족해했다. 그런데 나중에 알고 보니 4개의 기둥은 모두 로비 천장에 닿지 않게 제작되어 있었다. 누구도 알아차리기 힘들 만큼 그 사이에 2밀리미터 틈이 있었던 것이다.

그 후 세월은 쏜살같이 흘러 300년이 지났다. 그 세월 동안 정부 시청은 조금씩 변화했지만 로비는 처음처럼 여전히 견고했다. 20

세기 후반, 시 정부가 로비의 천장을 보수하다가 비로소 로비 천장을 지탱하던 기둥의 비밀을 발견했다.

이 소식은 발 빠르게 퍼져 나가 이 신기한 기둥을 구경하려고 세계 각국에서 건축 전문가와 관광객들이 몰려들었다. 그때부터 정부 시청의 로비는 조롱하듯 '멍청한 로비'라고 불렸다. 오늘날 사람들이 정부 시청의 로비를 마치 관광지처럼 몰려드는 것은 건축 설계사가 중앙 원기둥 꼭대기에 새긴 문장 한 줄 때문이다.

"자신감과 진리는 하나의 기둥으로도 충분하다!"

이 기둥은 마음 깊은 곳에서 나온 고집스러운 단호함을 보여 준다.

자신의 올바른 선택을 과감히 고수하고, 거대한 압박하에서도 자신의 초심을 지키는 일종의 용기, 그 자체다.

별난 심리연구소

옛말에 "끈을 자르지 말고 매듭을 풀어라."라는 말이 있다. 이는 무언가 어려운 상황이 벌어졌을 때 문제를 차단하고 회피할 것이 아니라 엉킨 실뭉치를 풀 듯 적극적으로 하나하나 풀어나가는 자세를 가져야 한다는 뜻이다. 우리는 무언가를 선택하고 발견할 때, 자기 생각을 대담하게 말해야 하고 자기 생각을 믿고 나아가야 한다. 변함없이 꾸준한 믿음을 보이면 비로소 성공을 이뤄낼 수 있을 것이다.

만족은 결국
죽음을 향한다

퇴행 효과

1960년대 말, 미국의 문화 인류학자 클리포드 기어츠^{Clifford Geertz}는 인도네시아 자바섬에서 그 지역 주민들의 농경 생활 속으로 깊숙이 들어가 집단 문화를 연구하는 데 몰두했다. 그 결과, 현지인들이 1100년 동안 줄곧 화전을 경작하는 원시 농업 형태를 유지하고 있다는 것을 발견했다. 생활 방식과 세계관 역시 1100년 전의 상태와 비슷하게 유지되고 있었다. 다시 말해, 그들은 해가 거듭되는 동안 반복적인 상태에 머물며 진보된 문화를 경험하지 않은 것이었다.

미국으로 돌아온 후, 기어츠는 그의 관찰 결과를 보고서로 작성하였고 이러한 현상을 '퇴행'이라고 명명했다.

'퇴행 효과'의 근원은 혁신 동력의 결핍이다. 자바섬의 토지는 비옥했고 농산물은 풍부했다. 비록 1100년 전의 생산 방식을 선택했더라도 그곳의 생산량은 여전히 놀라웠다. 따라서 현지인들은 자신의 생활을 굳이 바꾸려는 욕심이 없었다. 현대 사회에서도 이와 같은 '퇴행'은 어디에서나 볼 수 있다.

2009년 6월 1일, 미국의 제너럴 모터스는 공식적으로 뉴욕 법정에 파산 신청을 했다. 1908년에 설립된 자동차 제조업의 선두주자였던 이 회사는 자동차 산업 발전의 급변에 유연하게 대처하지 못했고 결국 외국 제조사의 공격 아래, 파산을 선언할 수밖에 없었다.

제너럴 모터스는 1908년 마차 제조상인 윌리엄 듀런트William Crapo Durant가 설립한 기업이다. 초기의 제너럴 모터스에는 뷰익이라는 하나의 브랜드만 있었지만, 그 후 몇 년 안에 캐딜락 등 20여 개의 브랜드를 인수했고 1929년에는 독일의 오펠을 인수했다. 그렇게 번창한 제너럴 모터스는 1931년 이미 전 세계 최대의 자동차 생산 업체가 되었다.

그러나 당시 자동차 업계의 거대한 배당금과 높은 지위로 인한 오만, 세계 시장에 대한 멸시, 그리고 트렌드에 대한 무지는 결국 제너럴 모터스의 창창한 앞길을 망쳐버렸다. 자동차 산업이 가장 발전했던 시대에, 제너럴 모터스 내부는 모두 고루한 관료의 기운만 가득했고 민간 승용차의 수요가 폭발적으로 증가할 때조차 여전히 대형차라는 전통적인 차종에만 의존했다. 또한, 과거에 만족하고 자신들의 경쟁력을 강화하는 데는 소홀히 했다. 그 결과 1973년 석유 위기 이후, 일본 차가 소형화와 에너지 절감을 외치며 공세를 강화하자 제너럴 모터스를 비롯한 미국의 3대 자동차 산업은 거대한 경영난에 빠지고 말았다. 2008년 전 세계를 휩쓴 금융 위기는 결국 제너럴 모터스에 치명적인 일격을 가했고, 회사의 자본금은 점점 끊겨 파산 신청을 할 수밖에 없었다.

이는 전형적인 퇴행 효과의 사례다. 하나의 사회와 작은 조직, 그리고 더 구체적으로는 한 사람 한 사람까지 제자리걸음인 퇴행 효과에 빠지면 수렁에 빠진 것처럼 헤어 나올 수가 없다. 표면적으로 보면 자동차의 바퀴는 미친듯이 돌아가지만 실제로 보면 수렁에 빠져 제자리걸음만 할 뿐 앞으로 나아가지 않는다. 또한, 한정된 자원을 쓸데없이 낭비하고 결국 시대에 도태되는 운명을 면하기 어렵다.

우리 주위에도 이러한 사람들이 있다. 그들은 무엇이든 상관없다는 태도로 그럭저럭 아무렇게나 일하고 자신의 잠재력에 대해 조금도 관심을 보이지 않는다. 그저 현재 상태에 만족하며 끝까지 제자리에 있으면서 더 나아지려고 애쓰지 않는다. 결국 이런 상태로 아무것도 해놓은 것 없이 적당히 얼버무리며 하루하루를 보낸다.

현대 사회의 정글 속 그들과 자바섬의 주민들은 다를 바가 없다. 그들은 모두 현재의 편안한 생활에 취해 향상되려 노력하지 않고 나날이 퇴행 효과의 삶 속에서 살아간다. 하지만 어느 순간이 되면 산업 문명의 냉혹함과 맞닥뜨리게 될 것이다.

그렇다면 어떻게 퇴행 효과를 피할 수 있을까? 제일 좋은 방법은 바로 제자리에서 빙글빙글 돌지 않고 앞으로 달리는 것이다. 아프리카 대초원에서는 매일 태양이 떠오르면 영양들이 떼를 지어 물을 찾아 완만한 언덕을 뛰기 시작한다. 그 곁에는 하이에나들 역시 달리는데, 그들이 멈추지 않고 달리는 것은 바로 영양들을 잡아먹기 위해서다. 하이에나들이 달리면, 사자 역시 달리기 시작한다. 이는 하이에나가 먹이를 찾기 전에 반드시 영양을 먼저 쫓아야 하기 때문이다. 그렇지 않으면 오늘도 굶주리는 날이 될 테니까.

이것은 대초원에서의 생존 경쟁 중 흔하디 흔한 하나의 장면이며, 놀라운 것은 이 일이 매일 벌어지고 있다는 것이다. 동물들이 지칠 줄 모르고 달리는 것은 어떠한 외적인 힘에 의한 것이 아니라 본능에서 나오는 행동이다. 결국 살아남든지 아니면 죽든지 둘 중 하나인 것이다. 이러한 '질주'는 아프리카 대초원에 영원히 생기를 불어넣을 것이다.

별난 심리연구소

인류 사회는 늘 생존 경쟁의 연속이다. 영원히 폐막하지 않는 경기장처럼 매일 모두가 토너먼트를 진행하고 있다. 생존하기 위해선 무조건 '달려야만' 하고 그래야 무자비한 탈락을 피할 수 있다. 단지 뛰는 것만이 아니라 최고의 사람들과 경주할 수 있어야 한다. 모든 사람이 함께 달리는 환경에서 나 혼자 가만히 멈추어 서 있다면 퇴행 효과의 함정에 빠져 숨을 멈추게 될 것이다.

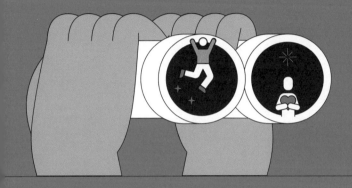

PART 5

난관을 뚫고
탁월함을 만나다

성공이
성공의 어머니다!

마태 효과

'마태 효과Matthew effect'는 강자는 더욱 강해지고, 약자는 더욱 약해지는 현상을 말한다. 우리에게도 비슷한 현상을 일컫는 말이 있다. '빈익빈 부익부'이다. '마태효과'는 미국의 유명 사회학자인 로버트 머튼Robert K.Merton이 1968년에 처음 제기한 학설이다. 당시 머튼은 『과학사회학』에서 이 현상을 언급하면서, 명성이 높은 과학자일수록 더 높은 명성을 얻기 쉽다고 했다. 그 후, 사람들은 각 영역의 양극화와 강자 독식의 상태를 '마태 효과'라고 불렀다. 쉽게 '승자 효과'라고도 불린다.

『신약 성경』의 「마태복음」에 마태 효과의 유래가 된 이야기 하나가 나온다.

어떤 사람이 먼 길을 떠나기 전에 세 하인에게 금덩이를 주었다. 주인이 돌아오자 첫 번째 하인은 말했다. "주인님, 주인님이 제게 주신 금덩이로 장사를 해서 금 10덩어리를 벌었습니다." 이어서 두 번째 하인은 말했다. "주인님, 저도 주인님께서 주신 금덩이로 5덩어리를 벌었습니다." 마지막으로 세 번째 하인이 말했다. "주인님, 저는 잃어버릴까 봐 두려워 금덩이를 땅에 감춰 두고 꺼내지 않았습니다." 그러자 주인은 세 번째 하인이 가지고 있던 금덩이를 첫 번째 하인에게 주도록 명령하며 이렇게 말했다. "무릇 있는 자는 받아 풍족하게 되고, 없는 자는 그 있는 것까지 빼앗기리라."

어떤 개체, 그룹 또는 지역도 일단 어느 방면(돈, 명성, 지위 등)에서든 성공하거나 진보한다면, 더 많은 성공과 진보의 기회를 얻을 수 있다. 다시 말해, '마태 효과'는 강자는 우세를 쌓을수록 더 많은 기회를 얻어 더 강해지고, 약자와는 더 큰 간격이 생기게 되는 것을 뜻한다.

영국에는 "성공이 성공을 번식한다."라는 속담이 있다. 이는 또한 '성공은 성공의 어머니'라고도 불린다. 우리는 평소 '실패는 성공의 어머니'라는 말은 자주 들어도 '성공은 성공의 어머니'라는 말은 들어보지 못했을 것이다. 대부분 사람은 역경 속에서만 링컨, 에디슨 같은 위인이 나올 수 있고 어릴 적부터 타고난 재능을 가진 젊은 인재에게는 어느 순간 '벼락'이 떨어지는 비극이 생긴다고 생각한다. 아마도 사람들은 링컨, 에디슨 같은 사람들이 극적으로 성공한 것에만 집중해 '고난과 고통이 성공을 만들어낸다'는 결론을 성급하게 내렸을 것이다.

그러나 사실상 이는 대중들 사이에 퍼져 있는 오류다. 우리는 종종 역경 속에서 성공한 영웅에 대해 듣는데, 이러한 영웅들의 이야기는 그야말로 주변에서 보기 힘든 내용이므로 더욱 널리 퍼질 가능성이 있다. 사실 다수의 성공한 사람들은 모두 '성공에서 성공으로 향한다'. 마태 효과의 영향 아래 이들의 성공 논리는 대부분 '그들이 하는 일은 대부분 모두 성공적이었고, 그래서 더 성공할 수 있었다'가 되므로, 너무 평범한데다 극적인 재미가 없어 입소문이 나지 않았을 뿐이다.

실패는 사람의 의지를 단련시키며 더 많은 투지를 불러일으킨다. 그러나 마태 효과는 가장 냉혹하고 무정한 규칙으로, 실패자들이 강인한 의지를 갖고 있을지라도 그들이 갖고 있는 일말의 의욕조차 빼앗아 버린다. 결국 실패에서 빠져나오는 사람은 아주 소수이며 대부분 성공의 길은 의심의 여지 없이 성공 자체에서 비롯되는 결과를 초래한다.

별난 심리연구소

'마태 효과'는 달리 말해 '자원의 축적'과 같다. 천연자원을 가진 사람은 더 많은 천연자원을 끌어올 수 있고, 자원 자체가 다른 자원을 찾아 결합할 수도 있다. 이와 동시에 마태 효과는 개인의 심리에 거대한 영향을 미치기도 한다. 성공한 사람들은 성공했기에 자신감이 가득하고, 그 자신감 덕분에 더욱 성공한다. 그러나 실패한 사람들은 실패했기 때문에 열등감을 느끼고, 그 열등감으로 더욱 큰 실패를 겪는다.

왜 그 좋은 스트레스를
제거하려 하는가?

말파리 효과

아무리 나태하고 게을러 꼼짝도 못하는 말일지라도 말파리가 물면 즉시 정신을 차리고 쏜살같이 내달리게 된다. 이처럼 사람도 무언가 정신을 번쩍 차리게 하는 '자극'이 있어야 해이해지지 않고 노력해 앞으로 나아갈 수 있다는 것을 일컬어 '말파리 효과'라고 한다.

'말파리 효과'는 미국 대통령 링컨의 흥미로운 경험에서 비롯되었다.

1860년, 링컨은 대선에서 승리한 후 내각을 구성하기 시작했다. 이때 베른이라고 하는 큰 은행가는 상원 의원인 새먼 포클랜드 체스가 링컨의 사무실에서 걸어 나오는 것을 보고 링컨에게 말했다.

"대통령님, 체스를 내각으로 선발해서는 안 됩니다." 이에 링컨이 의아해 그에게 물었다. "왜 그렇게 말하는 겁니까?" 그러자 베른은 "그는 본래 백악관에 들어가고 싶어 했으나, 대통령님께 패했으니 틀림없이 앙심을 품고 있을 겁니다."라고 말했다. 그의 말에 링컨은 "아! 맞네요, 고맙습니다."라며 감사의 인사를 전했다.

그러나 뜻밖에도 링컨은 그의 말과 달리 체스를 재무부장으로 임명했다. 링컨 취임 후, 어느 날 그는 《뉴욕타임스》의 헨리 레몬트와 특별 인터뷰를 하게 되었다. 인터뷰를 하던 중 레몬트는 링컨에게 '왜 계속 적을 자신의 내각에 배치하는 것인지' 물었다. 링컨은 대답 대신 한 가지 이야기를 들려주었다.

링컨은 어렸을 때 그의 형과 함께 켄터키 고향의 한 농장에서 옥수수밭을 경작했다. 어느 날, 링컨은 너무 게을러서 느릿느릿 걷는 말에게 크게 빨리 움직이라며 소리를 치고 있었고 그의 형은 쟁기를 잡고 있었다. 그런데 어느 정도 시간이 지난 후 게으름을 피우던 말이 갑자기 쏜살같이 내달리기 시작했다. 링컨은 이상함을 느껴 말을 뒤쫓아가 살펴보니 큰 말파리 한 마리가 말의 몸에 붙어 있는 것을 발견했다. 링컨은 닥치는 대로 말파리를 잡아 떨어뜨렸다. 말파리가 떨어지는 걸 보자 그의 형은 원망스러운 말투로 말했다. "야! 왜 말파리를 잡아. 바로 그놈이 이 말을 달리게 만드는 거야!"

이야기가 끝난 후 링컨은 레몬트에게 말했다.

"이제 왜 제가 체스를 내각에 임용했는지 궁금증이 풀렸나요?"

링컨은 시시각각 자신의 위치를 위협하는 정치인을 내각에 끌어들임으로써, 말파리를 주시하는 말처럼 자신이 자만하지 않고 앞을 향해 달려갔으면 하는 바람이 있었던 것이다. 아무리 의욕이 없고 게으른 말이라도 말파리에게 쏘이면 정신을 차리고 빠르게 달아나는 것처럼 사람도 마찬가지다.

심리학자들이 연구에서 발견한 것은 사람은 서 있기보다 앉아 있기를 더 좋아하고, 움직이기보다 가만히 있는 것을 더 좋아한다는 것이다. 이는 사람의 내면에서 편안함을 찾는 본능 때문이다. 어떤 사람은 일찍이 이렇게 말했다.

"안일하고 편안한 생활은 천재 하나를 파멸시키기에 충분하다."

이는 무수한 예가 증명하고 있다. 지나치게 안일한 삶은 우리의 투지를 잃게 만든다. 또한, 일상의 사소한 일에 개인의 재능과 잠재력을 다 소진하고 만다.

일본 혼다 주식회사의 창립자인 혼다 소이치로는 하나의 관념을 제시했다. 우수한 기업의 직원은 기본적으로 20%의 핵심형 인재,

60%의 근면형 인재, 그리고 20%의 평범하고 일반적인 사원, 이렇게 세 부류로 나뉜다고 한다. 그러나 회사는 20%의 평범한 사원들을 단칼에 잘라낼 수 없다. 그렇게 하면 관리 원가가 너무 많이 들기 때문이다. 또한, 이 20%의 직원들은 멍청하거나 바보가 아닌 단지 진취성이 부족하고 평범할 뿐이다.

나중에 혼다 소이치로는 말파리 효과에서 영감을 얻어 인사 면에서 개혁을 단행했다. 평범한 직원들을 더욱 격려하기 시작한 것이다. 주도면밀한 계획과 노력을 통해 혼다 소이치로는 한 마리의 말파리를 찾아냈는데, 그는 바로 마쓰와 회사의 판매 부사장인 35세의 다케타로였다. 혼다 소이치로가 다케타로를 선택한 이유는 그에게서 '엄격하고 신속한 능력과 냉혹하고 무정한 관리 태도'를 보았기 때문이다.

다케타로는 혼다의 판매 업무를 인수한 후 엄격하고 가혹한 관리 태도 때문에 거의 모든 직원에게 미움을 받았다. 하지만 직원들은 정신을 바짝 차리고 업무에 임해야 했다. 다케타로는 모든 면에서 능력이 탁월했고 부서에 걸림돌이 된다고 생각되는 사람들을 제거하여 자신의 부서 업무에 어떤 부정적 영향도 끼치지 못하게 했다. 이 '대왕 말파리'의 통치하에서 20%의 평범한 직원들은 놀라운 잠재력을 폭발시켰다. 회사의 매출액은 급격히 상승했고, 유럽과 미국 시장에서의 지명도 역시 계속해서 높아지기 시작했다.

사람의 잠재력은 모두 '자극'에서 나온다. 모든 사람은 타성이 있어서 외부의 자극이나 진동이 없으면, 지나치게 보수적으로 변하고 편안함만을 추구하며, 그저 그런 인생의 길을 걷게 된다. 그러면서 주위의 훌륭한 인재들을 보며 한숨 섞인 한탄을 쏟아낸다. 그들의 천부적인 재능과 뛰어난 두뇌를 부러워하는 것이다.

하지만 우수한 인재가 아니라고 해서 반드시 평범하다고 말할 수는 없다. 그들은 단지 동기부여가 부족해 자신의 진정한 잠재력을 발휘하지 못했을 가능성이 크다. 따라서 성공을 얻고 싶다면, 주동적으로 외부의 자극을 받아들여야 하며 외부의 스트레스를 내부의 동력으로 바꾸고, 숨어 있는 자신의 진짜 실력을 발굴해 내야 한다.

망설이는 바보, 후회하는 멍청이

뷔리당의 당나귀

프랑스의 철학자 뷔리당에게는 작은 당나귀 한 마리가 있었다. 이 당나귀는 주인처럼 지혜롭고 이성적인 성품을 지녔다. 매일 당나귀에게 여물을 주었던 하인이 어느 날 급한 일이 있어 이틀간 외출을 해야 했다. 하인은 당나귀가 먹을 수 있게 한 무더기씩 같은 양의 여물을 양쪽 옆에 준비해 놓았다. 3일째 되던 날, 하인이 돌아왔을 때 놀랍게도 당나귀는 아무것도 먹지 못한 듯 아사 직전의 상태가 되었다. 왜 이런 일이 벌어졌을까?

뷔리당의 당나귀는 양과 질이 똑같고 양쪽 거리도 같은 건초 사이에서 이러지도 저러지도 못한 채 고민만 하고 있었다. 비록 당나귀에게는 선택의 자유가 충분히 있었지만, 건초 두 더미의 사이에서 객관적으로 우열을 가릴 수 없었던 것이다. 당나귀는 한편으로 양을 고려하고, 한편으로 질을 따지고, 한편으로 색을 분석하고, 또 한편으로 신선도를 분석하며 이리저리 머뭇거렸고 결국 이틀 내내 아무것도 먹지 못했다. 어떻게 해야 할지 모르는 상태에서 하마터면 굶어죽을 뻔한 것이다.

이것이 바로 '뷔리당의 당나귀' 이야기이다. 뷔리당의 당나귀에 나오는 명제는 다음과 같다.

> "이성적인 당나귀 한 마리가 양과 질이 모두 같은 건초 두 더미 사이에 있으면 결국 목숨을 잃게 된다. 그 당나귀는 도대체 어느 건초 더미를 먹어야 하는지에 대해 어떠한 이성적인 결정도 내리지 못하기 때문이다."

뷔리당이 이 역설을 처음 제기한 것은 당시의 이성주의 사조를 반박하고 자신의 믿음을 변호하기 위함이었다. 그는 만약 누군가 지나치게 이성적이라면 밥을 굶은 뷔리당의 당나귀처럼 끝없는 '결정 장애'에 빠져 위기에서 헤어 나올 수 없다는 것을 전하고자 했다. 심리학에서는 이렇게 이해득실을 계속해서 저울질하며 망설이고 결정하지 못하는 현상을 '뷔리당의 당나귀 효과'라고 부르기 시작했다.

사실상 극단적 이성주의는 실제로 존재하기 어렵다. 많은 심리학자가 말하는 것처럼 뷔리당의 당나귀 효과에서 이성에 대한 이해는 지나치게 편협하다. 게다가 이성주의는 이상 기류가 흐르면 사람들에게 지금의 사고 틀을 벗어나 또 다른 선택을 하게 한다. 다시 말해 뷔리당의 당나귀 앞에 있는 볏짚 두 더미를 선택하는 것 외에 볏짚 한 무더기와 굶어 죽는 것 사이에서 반드시 무언가를 선택한다는 것이다.

우리가 망설이며 우유부단하게 결정하지 못할 때, 종종 우리는 자신을 이성적이고 신중한 결정자라고 생각한다. 또한, 걱정이 많고 소극적인 모습을 '세세하고 이성적인 유비무환의 자세'로 받아들이기도 한다. 그러나 우유부단한 사람은 최선의 선택을 하는 것이 아니라 결국 언제나 선택 사이에서 배회하며 결정을 내리며 우왕좌왕할 뿐이다.

이러한 이성주의는 본질적으로 선택 자체에 대한 두려움이 깔려 있다. 현실 세계에서는 양과 질이 모두 똑같은 두 개의 볏짚은 없다. 이러한 종류의 선택은 다른 하나의 선택을 포기하는 것을 의미하고 동시에 어쩔 수 없이 알 수 없는 결과를 얻는 것을 뜻한다. 자신의 선택이 어떤 결과를 가져올지 알 수 있는 사람은 없고, 그저 공포심에 떠밀려 계속해서 이해관계를 저울질하게 되는 것이다. 의

외로 대부분 선택의 순간은 우리에게 천천히 생각할 시간을 충분히 주지 않는다. 어느 것도 선택하지 못하면 아무것도 얻지 못할 가능성이 크다.

　인도에 전해지는 우스운 이야기가 하나 있다. 고대 인도에 철학가 한 명이 뛰어난 지혜로 많은 여성의 환심을 샀다. 어느 날, 아름다운 여성 한 명이 그의 집 문을 두드리며 말했다. "저를 당신의 아내로 받아주세요! 나를 놓치면, 나보다 더 사랑할 수 있는 여자는 찾을 수 없을 겁니다!" 철학가는 몹시 당황했지만, 침착하게 대답했다. "고려해 보겠습니다." 철학가는 결혼과 비혼의 장단점을 따로따로 나열해 생각한 후, 두 가지 모두 좋은 점과 나쁜 점이 균등하다는 것을 발견하곤 고민에 빠졌다. 결국, 그는 선택에 직면해 어느 쪽을 정할 수 없을 때는 자신이 경험하지 못한 것을 선택해야 한다는 결론을 내렸다. 결혼하지 않은 자신의 모습은 명확히 알 수 있었으나, 결혼 후의 모습은 어떨지 알 수 없었다. 따라서 그는 그 아름다운 여성의 청혼을 받아들이기로 했다.
　철학가는 여성의 집으로 가 그녀의 아버지에게 물었다. "따님은 어디 있습니까? 따님에게 전해 주세요, 저는 따님과 결혼하기로 결정했습니다!" 그녀의 아버지는 냉담하게 대답했다. "자네, 10년이나 늦게 왔네. 내 딸은 이미 세 아이의 엄마가 되었어!"

이 우스운 이야기는 우리를 깊이 생각하게 만든다. 표면적으로 보면, 철학가는 절대적인 이성주의의 태도를 보이며 혼인을 선택했다. 그러나 실제로 선택에 대한 두려움이 가득했기 때문에, '이성'이라는 수단으로 자신의 두려운 감정에 맞서게 되었다.

이 이야기에는 훗날 사람들에 의해 한 단락의 결말이 추가되었다. 철학가는 그다음 해에 우울증에 걸렸는데 죽을 때가 되자 자신의 모든 작품을 불더미에 던져 버리고, 단 한 단락의 인생에 대한 비고만을 남겼다.

"만약 인생을 둘로 나눌 수 있다면 전반부 인생은 '망설이지 말고', 후반부 인생은 '후회하지 말아라.'"

별난 심리연구소

긴말이 필요 없다. 어떤 선택을 하든 선택 전에는 망설이지 말고, 선택 후에는 후회하지 마라. 이것이야말로 '뷔리당의 당나귀 효과'에 대한 제일 좋은 반격이다.

실패해서
정말 다행이야!

킬리의 법칙

'킬리의 법칙'은 미국 더블린컨설팅 회사의 CEO인 래리 킬리Larry Keeley의 한마디에서 유래되었다.

> "실패를 참고 견디는 것은, 사람들이 배울 수 있고 응용할 수 있는 아주 긍정적인 일이다. 성공한 사람의 성공은 단지 그가 실패에 좌우되지 않았다는 것뿐이다."

이후 사람들은 '성공하는 능력'과 '실패에 좌우되지 않는 능력' 사이의 밀접한 관계를 '킬리의 법칙'이라 부르기 시작했다.

1866년 7월 13일, 전 세계에서 첫 번째로 대서양을 횡단하는 해저 케이블 계획이 완성되었다. 그 후 약 150년의 세월이 흘렀지만, 이 케이블은 지금까지도 사용되고 있다. 그러나 대부분 사람은 케이블 건설을 계획할 당시 이 사업이 몇 번이나 무산될 뻔했다는 사실은 모르고 있다.

대서양을 횡단하는 해저 케이블 계획은 힐라스 필드가 처음 제기했는데, 시작하자마자 큰 난관에 봉착했다. 의회에 있던 대부분의 의원들은 이 계획이 완성될 수 없는 임무이며 순전히 자금 낭비라며 비난했다. 그러나 필드는 포기하지 않고 혼신의 힘으로 계속해서 자신의 주장을 펼쳤고, 결국 상원 표결에서 한 표의 차이로 건설 계획이 통과되었다.

이윽고 필드는 부설 작업을 시작했다. 그러나 케이블이 5마일(1마일은 1.61km)까지 부설되었을 때 갑자기 기계가 말려 들어가면서 공사가 중단되는 사고가 일어났다. 하지만 필드는 단념하지 않고, 다시 두 번째 테스트를 진행했다. 200마일 정도까지 부설했을 때는 갑자기 전류가 끊겼다. 필드는 지금까지 작업한 케이블을 절단해야 했고 공사는 다시 중단되었다. 그 후 세 번째 테스트 중에는 공정선에 심각한 경사가 발견되어 기기에 급제동을 걸었고 또다시 케이블을 절단할 수밖에 없었다.

이 일에 참여한 많은 사람은 맥이 빠졌고 대중들은 이 일에 대해 회의적인 태도를 보였으며 투자자들 역시 신뢰를 잃었다. 그러나 필드는 쉽게 포기하지 않는 사람이었다. 그는 다시 700마일의 케이블을 주문했고, 또 한 번 전문가를 영입해 네 번째 부설 작업을 시작했다. 이번엔 모든 것이 순조롭게 진행되었고, 케이블 부설 역시 완성되어 기나긴 해저 케이블을 통해 몇 가지 소식을 성공적으로 보낼 수 있었다. 마치 서광이 눈앞에 보이는 것 같았고 곧 대성공을 거둘 수 있을 듯했다. 그런데 이때, 전류가 다시 끊겼고 필드는 재차 케이블 회항을 중단해야 했다.

모든 사람이 절망했다. 하지만 필드는 꺾이지 않았다. 그는 또다시 런던의 투자자들 사이에서 활발하게 다른 투자자를 찾아냈고, 새로운 방법으로 부설을 시작했다. 이번 부설 작업은 600마일까지 유지되었지만 케이블이 망가져 바다 밑으로 가라앉았고 필드는 인양을 시도했지만 실패하고 말았다. 그로 인해 이번 공사는 1년이나 지체되었다. 이때 필드가 가진 단 하나의 신념은 '공사를 지속해야 한다'는 것이었다. 1년 동안 그는 다시 새로운 회사를 조직했고, 성능이 우수하고 보편적으로 사용되는 신형 케이블을 제조했다. 1866년 7월 13일, 각계 인사들의 의심스러운 눈초리와 함께 그는 다시 새로운 테스트를 시작했다.

결국 필드는 성공을 이뤄냈다. 몇 번의 통신 테스트에서도 어떠한 문제가 발생하지 않았고 필드는 감격스럽게 첫 번째 대서양 횡단 케이블을 보낼 수 있었다.

'7월 27일 저녁 9시 우리는 드디어 목적지에 도달했고 모든 것은 순조로웠다. 하느님, 감사합니다! 케이블은 모두 잘 부설되었고 운행 역시 정상적이다.'

-힐라스 필드

필드의 성공은 오직 목표만 실현할 수 있으면 실패는 잠시일 뿐이라는 생각과 실패에 좌지우지되지 않는 마음에서 비롯되었다. 성공에 대해 확고한 신념을 가지고 있으면 언제든 성공하는 날이 찾아온다는 것을 증명했다.

여기 시 한 편이 있다.

만약, 성공이 당신을 보살펴 준다면 그것은 당신의 스승이니 당신의 꿈을 지켜라.
만약, 실패가 당신을 괴롭힌다면 그것은 당신의 스승이니 당신의 꿈을 지켜라.
만약, 돈과 권력이 당신을 유혹한다면 그것의 가치가 전자보다 클지라도 당신의 꿈을 지켜라.

만약, 꿈이 당신을 포기한다면 스스로 반성해라. 그리고 빨리 발견해라.

사실 당신이 꿈을 포기하고, 그것을 주워다가 날려 버리면 어쩌면 성공은 가까운 곳에 있을지도 모른다는 것을….

별난 심리연구소

실패는 성공을 위해 반드시 거쳐야 할 단계이다. 그 어떤 최고의 성과라도 실패를 겪지 않은 결과는 없었다. 그 어떤 뛰어난 인물일지라도 영원히 순풍과 순류만 만날 수는 없다. 넘어지는 것은 결코 두려운 게 아니며, 최종적으로 성공과 실패를 결정하는 것은 우리가 넘어진 즉시, '다시 일어설 수 있느냐에 달려 있다.

능력자는 버티는 자를
넘어설 수 없다

베르나르 효과

베르나르는 영국의 저명한 천재 과학자다. 하지만 그는 지금껏 단 한 번도 노벨상을 수상하지 못했다. 그의 일생에서 가장 큰 명예는 영국 왕립학회 훈장을 수여한 것과 해외 아카데미 회원에 등록된 것에 불과하다. 주변에서 그를 지켜본 베르나르의 동료와 학생들은 모두 그의 천부적인 재능이 이 정도 성과에 그치는 것에 안타까워했다. 그리고 그들은 다음과 같은 해석을 내놓았다.

"베르나르는 언제나 무언가에 이름을 붙이는 것을 좋아합니다. 하나의 사상을 던져놓고 가장 먼저 자신이 한 차례 발을 들여놓은 뒤 마지막 성과는 다른 사람이 낼 수 있도록 넘겨줍니다. 전 세계적으로 많은 기본 사상이 그가 쓴 논문의 공로로 돌아가야 하지만 다른 사람의 명의로 출간되었습니다. (…) 결국 그는 '10년 동안의 면벽 수행'의 의지가 부족하여 이런 손해를 보게 된 것입니다."

'면벽 수행'은 달마 대사가 치우 동굴에서 오로지 벽만 바라보고 수련을 한 데서 나온 단어이다. 밖으로 향하는 모든 둘레를 장벽처럼 굳건하게 차단함으로써 마음을 가라앉히고, 이를 통해 번뇌에 휩쓸리지 않는 마음을 갖기 위함이었다.

이 이야기에서 말하는 중요한 문제는, 베르나르가 실패한 근원을 따져 보면 깊이 파고드는 꾸준한 노력이 부족했다는 데 있다는 것이다. 나중에 심리학자들은 이러한 현상을 '베르나르 효과'라고 불렀다.

영국의 시인 윌리엄 쿠퍼William Cowper는 간곡하고 의미심장한 말로 "비록 어둠으로 가득 찰지라도, 하늘이 밝아오면 다시 서광을 볼 수 있다."라고 말했다. 대부분 사람이 실패하는 이유는 모두 하던 일을 끝까지 해내지 못했기 때문이다. 우리는 성공에 거의 다가갔으나 한 걸음 모자라 실패하기도 하고, 갑자기 중간에 그만두기도 한다. 그러나 사실 우리가 다시 버틴다면 성공의 서광을 더욱 빠르게 볼 수 있다. 즉, 우리가 쉽게 포기하지 않고 힘을 더 들여 조금만 버틸 수 있다면 그렇게 큰 노력을 들여 쟁취한 것들이 눈앞에 다가와 있는 것을 볼 수 있을 것이다.

우물을 파는 한 사나이에 관한 이야기는 꾸준함이 주는 위대한 결과를 상징적으로 보여준다.

한 마을에 우물을 파는 사람이 있었다. 하지만 몇 날 며칠을 파도 물은 나오지 않았다. 그는 그 지역을 포기하고, 다른 지역으로 옮겨 다시 우물을 파기 시작했다. 이번에도 역시 며칠간 우물을 팠지만 여전히 물이 나오지 않았고 그는 다시 포기했다. 이런 식으로 깊은 우물을 여러 번 팠음에도 끝내 물이 나오지 않았다. 그러자 그는 이곳에는 물이 없다고 단언해 버렸다. 얼마 지나지 않아, 사람들은 그가 우물을 팠던 제일 깊은 곳의 한 동굴 밑바닥에서 젖은 흙을 발견했고 어떤 사람이 끝내 그가 파지 못했던 우물을 계속해서 파기 시작했다. 그 결과, 그가 이전에 팠던 모든 지역에서 물이 나오기 시작했다. 이 이야기가 바로 '베르나르 효과'의 가장 좋은 예다.

또 다른 이야기도 있다. 1940년 덩케르크 철수 후, 영국에 파견된 프랑스 원정군이 사용한 중장비가 유럽 대륙에 그대로 버려졌다. 이로 인해 영국 본토의 지역 방위에 심각한 문제가 초래되었다.

이와 동시에, 독일 나치는 영국 본토를 겨냥한 침입 계획을 세웠고 영국 전체는 고전할 수밖에 없었다. 내각과 의회에서 온 온건파 세력들은 활개를 치며 쉴 틈 없이 윈스턴 처칠Winston Churchill을 압박해, 히틀러와 타협을 요구하며 평화의 가능성을 모색했다. 그러나 처칠은 이를 거절했다. 그는 가장 힘든 2년만 버티면 전세는 반드시 역전될 것이라고 믿었기 때문이다.

처칠은 계속되는 압박을 버티며 단호한 항쟁을 주장했다. 1941년 가을, 처칠은 한 인터뷰에서 기자에게 이렇게 말했다.

> "저는 역사를 깊이 연구했고, 역사는 우리가 충분히 오랫동안 버티기만 하면 모든 일은 언제나 호전을 보일 것이라고 말합니다."

그리고 1941년 10월, 독일의 공군이 큰 손실을 입고 영국에 대한 공습을 포기했다. 또한, 12월 일본의 진주만 기습으로 인해 미국은 제2차 세계대전에 휘말리게 되었다. 독일 나치는 다시 영국 본토에 상륙 작전을 개시할 능력이 없었다. 이때는 처칠이 인터뷰한 지 3개월도 지나지 않은 시점이었다. 그 후의 결과는 모두가 아는 바와 같다. 이듬해 겨울 독일 나치의 수백만 대군은 추운 스탈린그라드에 둘러싸였고, 그로부터 4년 뒤 여름, 연합군은 노르망디에

상륙했다. 그로부터 다시 5년 뒤 봄, 독일은 결국 투항했다. 처칠은 영국을 이끌며 가장 어려운 시기를 견뎌냈고, 결국 전쟁을 승리로 이끌었다. 이처럼 최후의 노력과 분투는 승리의 일격이 되었다. 꾸준한 끈기와 의지를 대체할 수 있는 것은 아무것도 없다는 사실을 잘 보여 준 사례다.

별난 심리연구소

재능은 꾸준함을 이길 수 없다. 이 세상에서 흔히 볼 수 있는 것이 바로 재능은 넘쳐나지만 실패한 사람이다. 기회 역시 꾸준함을 이길 수 없다. '행운은 있지만 그 기회를 날려 버리는 사람'은 우리의 현실에도 비일비재하며 실패한 천재 역시 자주 볼 수 있다. 마지막으로, 교육 역시 꾸준함을 이길 수 없다. 이 세상은 높은 학식을 가진 루저들로 가득 차 있다.

'베르나르 효과'의 모델인 베르나르는 바로 살아 있는 예가 될 수 있다. 우리가 알아야 할 점은, 모든 길은 반드시 하나의 종착점을 향해가고, 끈기 있는 사람만이 종착지에 도달할 수 있다는 것이다.

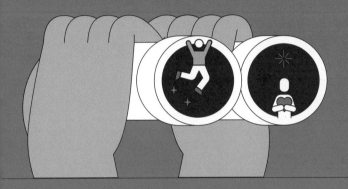

PART 6

관계의 달인을
만나다

'제 눈에 안경'이
벗겨지는 순간

헤일로 효과

'헤일로 효과Halo effect'는 미국의 저명한 심리학자 에드워드 손다이크Edward Lee Thorndike가 1920년대에 처음 제기한 것으로 '후광 효과'라고도 불린다. 이는 다른 사람에 대한 인식과 판단이 점차 커지면서 전체적인 인상을 만드는 것을 말한다.

헤일로는 달 주위의 빛이 주위로 가득 차고 퍼져 나가며 이로 인해 다른 성질이나 특성을 덮어 버리는 현상이다.

손다이크는 하나의 실험을 통해 헤일로 효과를 증명하고자 했다. 그는 무작위로 몇몇 사람들의 사진을 골라 실험 참가자들에게 보여 주었다. 사진에서 어떤 사람은 매력적이고, 어떤 사람은 지저분해 보였으며, 또 어떤 사람은 어떠한 특이점도 없었다. 손다이크는 실험 참가자들에게 사진을 바탕으로 이 사람들의 성격과 특징을 평가하도록 했다. 그 결과, 피실험자들은 매력 있는 사람들에게 더 우호적인 특징을 부여했는데 예를 들면 상냥함, 침착함, 좋은 인간관계 등이었다.

이것이 바로 '후광 효과'다. 만약 누군가 자신의 한두 가지 우수한 특성을 다른 사람에게 보여주면 사람들은 그 사람의 다른 특징도 모두 좋게 보는 것이다. 반대로 부족한 특성을 보여주면 그 사람의 다른 특징도 모두 나쁘게 평가한다.

헤일로 효과의 본질은 일부를 가지고 전체를 평가하는 것이고, 점을 면으로 확대하여 평가하는 경향이며, 개인의 주관적 판단이 일반화되고 확장된 결과로 나타나는 것이다. 헤일로 효과가 작용하면 한 사람의 장점 또는 단점이 일단 확대되어 다른 장점이나 단점은 그 뒤로 감춰지게 된다.

'제 눈에 안경'이 말하는 바도 같은 이치다. 남녀가 연애할 때, 상대방을 보는 것은 장점이지 단점이 아니다. 이것은 한쪽이 상대방의 어떤 장점에 이끌린 후 헤일로 효과의 영향으로 상대의 모든 부분을 장점으로 생각한다.

헤일로 효과 중 가장 전형적인 것이 이른바 '유명인 효과'다. 광고에 나오는 대부분의 사람들은 모두 우리가 아는 연예인이다. 스타들의 매력으로 형성된 후광 효과를 받은 제품은 일반 소비자를 설득하는 데 충분하기 때문이다. 또 그들은 스타가 무엇이든 할 수 있고, 스타가 말하는 것은 모두 옳다고 믿는다. 이처럼 스타가 판매하는 상품은 일반 소비자들로부터 더 쉽게 인정받을 수 있다.

유명인 효과는 광고계뿐만 아니라, 문학계에서도 볼 수 있다.

한 문학청년이 이름을 알리기 전에 책 한 권을 출판하고 싶어 했다. 그러나 출판사에 원고를 넘기면 거절당하기 일쑤였다. 하지만 그가 일단 이름을 알리기만 하면 상황은 달라진다. 이전에 처음 글쓰기를 배울 때 썼던 어설픈 작품조차도 사람들은 구석구석 찾아내어 앞다투어 발표한다.

기업에서도 역시 유명인 효과를 볼 수 있다. 기업들은 기업 이미지나 제품을 유명인과 연계시켜 기업 홍보에 활용한다. 이는 유명인의 인기에 기대어 기업 역시 왕성한 인기를 끌 수 있기 때문이다. 이로 인해 기업의 이미지는 사람들의 마음속에 깊이 새겨지고, 나아가 브랜드의 제품 판매를 꾸준히 유지할 수 있다.

144

별난 심리연구소

'후광 효과'는 일종의 착각과 같은 현상이다. 하지만 무서운 것은 이 착각의 효과가 사라지기 시작하면 좋게 생각했던 것들 역시 불호의 이미지로 본다는 것이다. 좋은 이미지들은 모두 가식과 거짓으로 보이고, 그 뒤로 아무리 이미지를 회복하려고 해도 쉽지 않다. 따라서 '후광 효과'라는 엄청난 빛을 받은 사람들은 오히려 이 후광이 사라질 때 그만큼의 손상을 받을 수도 있다는 것을 염두에 두어야 한다.

'첫인상'이 '인상 깊은 끝인상'이 되지 못하는 이유

고정관념

'고정관념Stereotype'이란 하나의 심리학 관념으로, 주로 어떤 사물에 대한 잘 변하지 않는 견해를 말한다. 그리고 이러한 생각을 일반화하여 이 사물에는 이런 특징만 있다고 단정하며 개개인의 차이를 소홀히 여기는 것이다.

심리학자들은 이와 관련해 하나의 실험을 진행했다. 두 조로 나눠 같은 사람의 사진을 따로따로 피실험자에게 보여주었다.

A조에는 "이 사람은 용의자이다."라고 말했고, B조에는 "이분은 대학교수다."라고 말했다. 그 후 두 조의 피실험자들에게 각각 이 사람의 사진을 보며 생김새의 특징을 평가하도록 했다.

그 결과 A조는 보편적으로 이렇게 생각했다. '이 사람의 눈이 움푹 들어간 것은 그가 흉악하고 교활한 것을 보여 주고, 턱이 날카로운 것은 그의 고집불통인 성격을 반영한 것처럼 보인다.' B조는 반대로 이렇게 생각했다. '이 사람의 눈이 움푹 들어간 것은 그가 깊은 사상이 있는 것을 보여 주고, 턱이 날카로운 것은 진리를 탐구하는 강건한 정신을 반영한 것처럼 보인다.'

한 사람의 똑같은 생김새를 보고 신분에 따라 다른 평가를 받는 것, 이것이 바로 '고정관념'이다. 대다수 사람의 눈에 '범죄자는 흉악하고 교활하지만, 교수는 슬기롭고 박식하다' 같은 평가와 쉽게 연결될 수 있다.

대체적으로 사람들은 정보를 부분별로 나누어 처리한다. 일정한 기준으로 사람을 분류하며 이 과정을 '카테고리화'라고 한다. 고정관념은 카테고리화가 만들어낸 산물이다. 한 개인의 개성이나 개인차 혹은 능력을 무시하고 단순히 그 개인이 특정 집단의 구성원이라는 이유만으로 특정 범주로 귀속시키는 관념이나 기대를 말한다. 같은 지역이나 문화 배경에 있는 사람들은 종종 유사성을 보이는데, 사람들은 이런 유사한 특징을 종합하고 요약하여 보편적 인식으로 받아들인 뒤 고정관념을 만들어낸다.

사실 고정관념 자체는 결코 무시할 만한 이야기가 아니다. 인류 역사상 오랜 시간 사람들과 교류하면서 만들어진 심리이기 때문이다. 산업혁명 이전에는 사회 계층 간 이동이 낮고 정보 교류도 활발하지 못했기 때문에 무리 속 개체들의 유사성 정도가 비교적 높았다. 그러나 현대 사회에서 고정관념은 시의적절하지 않고, 부정적인 작용이 매우 뚜렷하다. 만약 우리가 인간관계에서 고정관념으로 타인을 평가한다면, 집단에 대한 보편적 인식을 바탕으로 타인과 교류하게 되는 것인데, 이는 결국 오해를 만들어 터무니없는 결과로 이어질 수 있다.

1933년 미국의 어느 사회심리학자가 한 실험을 살펴보자.

먼저 100명의 백인 대학생들에게 흑인과 백인 모두가 담겨 있는 인물 사진을 보여 준 후, 다시 그들에게 형용사 몇 개를 주며 이 형용사와 사진 속의 인물을 연결하게 했다. 조사 결과, 부정적인 단어의 상당 부분, 예를 들어 '미신', '게으름', '싸움을 좋아하는' 등의 단어가 흑인에게 배치되었다.

2009년 흑인 혈통의 오바마가 미국 대통령이던 당시, 심리학자들은 다시 똑같은 조사를 시작했다. 이번엔 피실험자들을 두 조로 나눴다. 그중 한 조에 단어를 배치하기 전에 먼저 오바마를 한번 생각해 보라고 요청했다. 그 결과, 사전에 오바마의 격조 높은 이미지를 떠올린 피실험자들은 흑인의 사진을 평가할 때 좀 더 긍정적인 어휘를 뚜렷하게 배치하였다.

연구자들은 이러한 현상을 두고 '오바마 효과'라고 부르기 시작했다. 일단 개체 차원에서 생각해 보면 고정관념은 깨질 수 있다. 그러므로 다른 사람과 교류할 때 우리는 고정관념의 부정적 영향은 가능한 한 피해야 하고, 사건의 원인과 결과의 다양성, 그리고 '하나의 사물, 하나의 현상, 하나의 결과'가 아닌 복합성을 고려할 수 있어야 한다.

별난 심리연구소

세계에는 완전히 똑같은 두 개의 나뭇잎은 없고, 완전히 똑같은 사람도 없다. 다각도에 걸쳐 사회를 관찰하다 보면 '집단 보편성'과 '개체 독립성'의 차이를 인식할 수 있고 비로소 고정관념의 함정에 빠지는 것을 피할 수 있다.

물론 고정관념이 전부 틀린 것은 아니다. 어떠한 문제를 처리할 때는 이런 심리를 응용할 수도 있다. 예를 들어, 한 아파트에서 입주자를 선택할 때 일반적으로 여성을 선택하는데 이는 사람들이 여성은 비교적 덜 공격적이고, 깔끔하다는 고정관념을 갖고 있기 때문이다.

세상 가장 강력한 무기는
얼굴에 있다

미소 효과

미국의 작가 오그 만디노^{Og Mandino}가 처음 제기한 '만디노 효과' 또는 '미소 효과'를 한마디로 말하면 '미소는 황금과 바꿀 수 있다'는 것이다.

만디노는 '미소는 세상에서 제일 아름다운 행위 언어로, 비록 소리는 없지만 사람들에게 감동을 줄 수 있다'고 말했다. 그의 말처럼 미소는 인간관계에서 가장 좋은 윤활제이며, 두말할 것 없이 사람 간의 심리적 거리를 가깝게 끌어당긴다.

만디노 효과는 초기에 인간관계의 법칙에서 제기되었으나 그 후 심리학자들로부터 보편적으로 인정받았다.

캘리포니아대학교 심리학 교수 제임스는 일련의 연구를 통해 하나의 관념을 제기했다. 사람이 웃을 때 전신 근육은 가장 느슨한 상태가 되고, 심리 상태 역시 상대적으로 안정된다는 것이다. 따라서 미소는 일종의 가장 긍정적인 감정 표현 방식이다.

게다가 미소가 가져오는 긍정적인 감정은 전염성이 강한데, 웃음 가득한 눈빛이 다른 사람의 눈빛과 마주쳤을 때 긍정적인 감정을 통해 '무형의 소통 다리'를 상대에게 전달하고, 자연히 두 사람 간의 분위기는 화목해져 함께 지낼수록 더욱 사이가 좋아진다.

미국의 유명 기업가인 짐 대니얼은 웃는 얼굴 하나로 파산 위기에 처한 기업을 살려낸 경험이 있다. 당시 대니얼의 회사는 경제적 어려움에 빠졌고 그는 이 위기를 돌파할 개선책을 생각했다. 마침내 그는 한 관리자의 건의를 듣고 회사의 상징을 웃는 얼굴로 바꿨다. 그 후 그는 이 웃는 얼굴을 회사의 슬로건으로 삼아 벽, 정문, 봉투에 인쇄했고 동시에 사람들에게 가능한 한 웃는 얼굴로 일하도록 부탁했다.

대니얼 자신은 더욱 솔선수범하여 매일 기업 로고처럼 웃는 얼굴로 여러 작업장을 뛰어다녔다. 그 결과 직원들도 점점 그에게 감염되었고, 긍정적인 마인드 덕분에 회사의 생산율은 투자를 늘리지 않은 상태에서도 80%나 상승했다. 또한, 회사의 전체적인 작업

분위기도 더욱 부드러워졌고, 이직률은 현저히 낮아졌다. 5년이 채 되지 않아, 대니얼의 회사는 모든 부채를 갚았을 뿐만 아니라 적자를 흑자로 전환할 수 있었다.

웃음이 가지고 있는 신기한 매력은, 비록 그 자체에는 어떤 힘이 없을지라도, 사람의 마음을 자극하는 긍정 에너지가 되어 우리에게 힘을 주고, 놀라운 잠재 능력을 불러 일으킨다.

일상에서도 미소는 모든 경직된 상황을 녹이며 타인의 호감을 얻게 한다. 예를 들어 친구나 동료 사이의 싸움이나 오해, 가족이나 이웃 간의 갈등, 애인이나 형제 간의 장벽 등 모든 상황을 웃어넘길 수 있게 만든다. 인간관계에서 어떤 어려움이나 난처한 상황을 만나더라도 미소를 잊어서는 안 된다. 미소로 해결하지 못할 일은 없으며 우리는 그저 진심을 보이기만 하면 된다.

미소는 사람과 사람 사이의 관계를 소통하는 다리이며, 설령 먼 시공간의 장벽이 있을지라도 미소 한 번이면 마음의 거리를 좁힐 수 있다. 또한, 미소는 인간관계의 통행증이며 미소를 띤 사람에게 짜증을 내거나 화를 내는 사람은 없다.

하지만 미소가 그리 간단한 행위는 아니다. 미소에도 진짜와 가짜가 있기 때문이다.

미국의 생명보험은 주로 직판으로 이루어지기 때문에 판매원의 능력 검증이 매우 중요하다. 윌리엄 와일러는 그중에서 특출한 능력을 보이는 인물이었다. 그의 비결은 아주 간단했다. 바로 고객들이 거부할 수 없는 웃음을 짓는 것이다. 그러나 사람을 매혹하는 그의 미소는 선척적인 것이 아니라 오랜 기간 열심히 연습해서 얻은 것이다.

와일러는 원래 미국에서 유명한 프로 야구 선수였는데, 40세가 되자 체력이 약해져 어쩔 수 없이 은퇴할 수밖에 없었다. 그 후 보험회사에 지원해 보험 판매원이 되었다. 그는 자신의 인지도 때문에 당연히 채용될 거라고 생각했지만, 인사 담당자는 그를 거절하며 말했다.

"보험회사의 판매원은 반드시 매혹적으로 웃을 줄 알아야 하는데, 당신에겐 그런 웃음이 없습니다."

이 말을 들은 와일러는 그날 이후 열심히 웃는 연습을 시작했다. 그는 매일 집에서 100번씩 소리 내어 크게 웃었는데 이웃들은 그가 실직으로 인해 정신이 이상해졌다고 생각했다. 이런 오해를 피하기 위해 그는 아예 화장실에 숨어 웃는 연습을 하기도 했다.

어느 날 그는 산책하다가 지역사회 관리자와 부딪혔는데, 아주 자연스럽게 웃으며 관리자에게 인사를 건넸다. 관리자가 그에게 말했다.

"와일러 선생님, 전과 달라 보이시네요!" 이 말은 그에게 자신감을 주었고, 그는 즉시 보험회사에 다시 지원했다. 이번에도 인사 담당자는 그를 거절했다. 그러나 전보다는 훨씬 부드럽게 말했다.

"확실히 전보다 좋아졌네요. 하지만 본인의 내면에서 우러난 웃음이 아닌 것 같습니다."

와일러는 어쩔 수 없이 계속 웃는 연습을 했고, 매력적으로 웃고 있는 많은 사람의 사진을 수집해 방에 가득 붙여 놓고 수시로 들여다봤다. 더불어 그는 자신의 키만 한 큰 거울 앞에 서서 미소를 지어 보며 끊임없이 교정했다. 그렇게 꾸준한 노력 끝에 마침내 그는 깨닫게 되었다. 마음에서 우러나는 갓난아기 같은 천진난만한 웃음이 가장 매력적이라는 것을 말이다. 이후 그는 업계 내에서 '백만 달러의 가치'라고 불리는 웃음 가득한 얼굴로 일할 수 있었다.

별난 심리연구소

어떤 사람은 말한다. 사람과의 관계가 어렵다면 진정성을 보이면 된다고. 그렇다면 진정성은 어떻게 표현할 수 있을까? 바로 미소를 보이면 된다. 우리가 알아야 할 점은 누구든 진심 어린 웃음을 보이는 사람을 함부로 거절하지 못한다는 것이다. 거짓 웃음을 짓는 표면적인 호의는 오히려 다른 사람에게 반감을 불러일으킬 수 있다. 그렇기에 한 사람의 미소는 더욱 가치를 발한다. 미소는 단순한 기교가 아니라 진정성이기 때문이다.

'소인의 마음'으로
군자를 헤아리다

허위 합의 효과

1977년 스탠퍼드대학교 사회심리학 교수인 리 로스Lee Ross는 하나의 실험을 진행했다. 먼저 그는 피실험자들에게 '조이 식당에 밥 먹으러 오세요'라고 적힌 광고판을 몸에 걸고 캠퍼스 안을 돌아다닐 수 있는지 선택하게 했다. 로스가 선택한 피실험자 중 대략 절반이 광고판을 거는 것에 동의했고, 나머지는 동의하지 않았다.

그 후 로스는 동의한 피실험자와 동의하지 않은 피실험자에게 각각 다른 사람들이 광고판을 거는 것에 대해 동의하는지 조사했고, 동시에 어떤 방식을 선택할지도 조사했다. 그 후 그들의 선택과 동의하지 않은 사람들 사이에 눈에 띄는 속성을 조사했다.

그 결과, 광고판 거는 것에 동의한 피실험자 중 62% 사람들은 다른 사람들이 광고판을 거는 데 동의하면서 이렇게 말했다.

"거절한 피실험자들은 어떻게 된 거죠? 왜 싫다는 거야? 위선자들!"

또한, 광고판 거는 것을 거절한 피실험자 중 오직 33%만이 다른 사람들이 광고판을 거는 데 동의했고, 그들은 이렇게 말했다.

"광고판 거는 데 동의한 사람들은 진짜 이상해!"

리 로스의 실험은 '허위 합의 효과False consensus effect'를 입증하기 위한 것이었다.

'허위 합의 효과'는 '허위 일치성 편향'이라고도 불리는데, 사람들은 종종 자신의 신념, 판단 및 행위의 보편성을 과장하거나 과대평가하고 자신의 특성을 다른 사람에게 강요하기 좋아하며 자신과 타인이 서로 비슷할 거라고 가정해 버리기도 한다.

간단히 말해, '남들도 내 생각과 같을 거라고 착각하는 것'을 '허위 합의 효과'라고 부른다. 우리는 대개 다른 사람도 자신의 생각과 같다고 여기고, 자신과 생각이 다른 사람들은 의심할 여지 없이 어떤 방면에서 '괴짜'라고 단정한다.

허위 일치성 편향은 상대방 입장에서 생각하는 사고가 부족한, 전형적인 심리적 표현이다. "소인의 마음으로 군자의 마음을 헤아리다."라는 표현을 들어본 적이 있을 것이다. 이는 다른 사람들과 교류하면서 습관적으로 자신의 기준에 따라 타인의 행동을 평가하고 주위의 사물을 평가하는 것을 말한다. 자신의 감정, 의지, 특성을 상대방의 위치에 두거나 상대의 시각으로 세상을 볼 생각은 하지 않는 것이다. 그러다 결국 다른 사람의 행동을 이해할 수 없다고 치부해 버린다.

소통의 대가 줄리아 길라드Julia Eileen Gillard는 이렇게 말했다.

"다른 사람의 느낌과 당신의 느낌을 똑같이 중요하게 생각할 때 비로소 조화로운 분위기가 형성될 것이다."

우리는 타인의 시선에서 문제를 생각할 필요가 있다. 만약 상대가 자신이 존중받고 높은 평가를 받고 있다고 느끼면, 당신에게 협력하는 태도를 보일 것이다. 그러나 당신이 자신의 느낌만 강요한다면 다른 사람들은 더 이상 당신과 교류하지 않을 것이다.

프랑스 물랭 형제 회사의 상급관리자인 존 위어 부부는 딸 니콜 위어가 16살 무렵 아주 반항적이고 괴팍해서 골머리를 앓았다.

어느 날 존 위어는 방 안에서 그녀의 딸이 남자친구와 집으로 오는 것을 보았다. 부모가 보고 있다는 것을 발견한 딸은 오히려 보란

듯이 도발적으로 그녀를 데려다준 남자에게 키스했다. 그러고는 자신의 태도에 화가 나 노발대발하는 아버지를 무시한 채 그대로 방에 들어가 버렸다.

존 위어는 펄쩍펄쩍 뛰었고 성난 사자처럼 제자리에서 으르릉거리며 맴돌았다. 이때 그의 아내가 조심스럽게 그에게 말했다.

"존, 우리는 아마도 니콜을 사랑하지 않는지도 몰라요.", 아내의 말에 존 위어는 반색하며 말했다. "뭐? 사랑하지도 않는데 왜 이렇게 니콜을 신경 쓰고 가르치는 거겠어? 사랑하지 않았으면 니콜이 빈둥거리든 말든 그냥 내버려 뒀을 거야." 남편의 흥분에 아내는 차분히 자신의 생각을 이야기했다. "우리는 처음부터 니콜의 입장에서 생각하지 않았어요. 우리 역시 너무 이기적인 건지도 몰라요. 그저 가르치려고만 하고 니콜의 감정은 생각하지 않았어요. 어쩌면 니콜은 이 때문에 화가 났을지도 몰라요."

아내의 말에 위어는 생각에 잠긴 듯 고개를 끄덕였다. 그는 아내가 제안한 한 가지 방법을 시도해 보기로 했다. 그는 딸의 방으로 올라가 자신의 태도에 대해 사과했다. 그러자 놀랍게도 니콜은 마치 어린 아이처럼 소리내어 울면서 말했다. "저는 엄마 아빠가 저에게 실망했다고 생각했어요. 그리고 더 이상 절 상관하지 않고 있다고 느꼈어요."

일상생활에서 많은 사람이 다른 사람을 자신이 원하는 사람으로 바꾸려고 노력하고 시도한다. 그러나 이는 뜻대로 잘되지 않는다. 자신의 생각을 바꾸지 않는 이상 상대를 바꾸는 건 불가능하기 때문이다. 상대방의 내면세계를 깊이 살피지 못하면 상대가 가진 문제를 해결할 수 없고 그를 이해하는 것조차 어렵다. 상대의 관점에서 생각하는 것은 감정을 이입하는 과정이기 때문에 진심으로 상대를 이해하고 그 사람 입장에 서서 그가 느끼는 감정을 똑같이 느껴야 한다.

별난 심리연구소

많은 사람이 불행하게도 상대의 관점에서 생각하는 태도에 '감정 교류'라는 가장 근본적인 요소를 빠뜨린다. 그들은 자신의 위치에 서서 다른 사람의 생각과 느낌을 이해하려 하고, 자신의 처지에서만 상대의 감정을 해석하려 한다. 또는 다른 사람의 감정을 함부로 가정하기도 한다. 이런 식의 사고로 인해 우리는 상대를 오해하고, 호도하고 왜곡하며 상처를 받고 또 상처를 입힌다. 진정으로 감정을 이입하고 처지를 바꿔 타인을 생각한다면, 비로소 '역지사지易地思之'가 작용할 것이다.

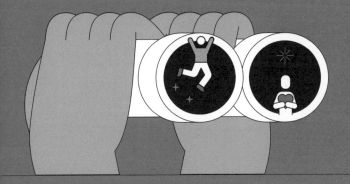

PART 7

숨겨진 호감을
만나다

있는 그대로의 칭찬으로
자존감을 만족시켜라

자존감 효과

'자존감 효과'는 심리학 권위자인 지그문트 프로이트Sigmund Freud 의 이론에서 유래되었다. 프로이트는 일찍이 "사람의 일생에서 가장 큰 욕구는 두 가지뿐이다. 하나는 성적 욕구고, 하나는 중요한 인물로 대우받고자 하는 자존감 욕구다."라고 말했다.

미국의 실용주의 철학자 존 듀이John Dewey 역시 "자존감은 사람에게 가장 간절한 욕구다."라고 말했다. 나중에 이 이론은 유명한 성공학의 대가 데일 카네기Dale Carnegie에 의해 확대 발전되었고, '카네기의 대인관계 소통학'의 중요한 기반이 되었다.

카네기의 저서 『카네기 인간관계론』에 나오는 이야기 하나가 있다.

1940년대 미국 경찰 총감독인 마로니는 범인을 체포하면서 특이한 현상 하나를 발견했다. 젊은 범인들이 체포된 후 가장 먼저 요구하는 것이 변호사 접견이 아닌 자신을 '영웅'이라 표현한 신문을 읽을 수 있게 해달라는 것이었다. 자신의 사진이 아인슈타인, 토스카나 혹은 루스벨트 같은 유명인사들과 같은 지면에 있는 것을 봤을 때 그들은 자신이 곧 처형당할 거라는 사실조차 잊어버리는 듯했다.

우리는 누구나 인정받고 존중받기를 원한다. 이는 모든 사람의 공통된 욕망이며, 이러한 욕망을 '자존감'이라 한다. 사람들은 자신에 대한 타인의 생각을 매우 중요하게 생각한다. 카네기는 인간관계 이론에서 "다른 사람의 자존감을 만족시키는 것은 중요한 소통의 수단이 될 수 있다. 상대방이 자존감에 큰 만족을 얻게 되면, 그역시 우리를 인정할 것이다."라고 강조했다.

자존감을 얻는 방식은 사람마다 다르지만, 여전히 하나의 법칙을 따른다. 다른 사람들로부터 인정을 받는 것이다. 그리고 인정을 받기위해 가장 중요한 것은 다른 사람들에 대한 진심이 담긴 찬양이다.

필름 발명가이며 코닥의 창시자인 조지 이스트먼George Eastman에게는 아이다 숀이라는 친한 친구가 있었다. 그들이 친한 친구가 된계기는 어떤 사업 때문이었다. 당시 이스트먼은 돌아가신 어머니를기리기 위해 극장을 지으려는 계획을 세웠다. 이때 아이다 숀은 이 극장의 좌석 사업을 맡아 진행하길 원했고 극장 건축가의 소개로 이스트먼을 찾아갔다. 이스트먼의 회사 직원은 아이다 숀에게 이스트먼이 지금 매우 바쁘므로 5분 안에 용건을 말하라고 했다. 이스트먼의 급한 성질 때문에 대부분 사업 담당자들은 신속하게 찾아온 이유만 설명한 후 곧바로 사무실을 떠나야 했기 때문이다.

아이다 숀은 이 점을 숙지한 후 어떻게 행동할지 철저히 계획했다. 그러나 막상 이스트먼의 사무실로 들어갔을 때 그는 귀신에 홀린 듯 엉뚱한 말이 쏟아져 나왔다.

"이스트먼 선생님, 저는 당신이 이렇게 아름다운 사무실을 갖고 있다는 사실이 부럽습니다. 만약 저도 이런 사무실을 갖게 된다면, 일할 때 아주 즐거울 것 같습니다. 솔직히 말해 저는 실내 가구 제작에 몸담은 지 몇 년이나 되었지만, 이렇게 아름다운 사무실은 본 적이 없습니다."

아이다 숀의 첫인사는 이스트먼의 예상을 빗나갔고 그는 서류 더미에서 고개를 들며 이렇게 말했다. "일깨워 줘서 고맙네! 나는 이 점을 거의 생각지도 못했네. 처음 이 사무실을 만들었을 때 아주 좋았었는데 지금은 다 잊고 거의 신경을 쓰지 못했어."

아이다 숀은 다시 사무실 벽을 만지며 말했다. "이건 영국 오크나무인가요? 영국과 이탈리아 오크나무의 품질은 조금 다르지요."

"맞아. 이건 영국에서 수입한 오크나무일세. 오크나무를 전문적으로 연구하는 친구가 나를 위해 특별히 고른 거지."

이스트먼은 이 화제에 대해 흥미를 느꼈고 자리에서 일어나 아이다 숀 옆에 서서 사무실의 실내 장식품을 함께 들여다 봤다. 심지어 그는 자신의 유년 시절 빈곤했던 생활까지 재미있게 이야기했다.

아이다 숀이 사무실에 들어간 지 두 시간이 훌쩍 넘었다. 하지만 여전히 그들은 열정적으로 이야기를 나누었고 좌석 사업 건에 대해서는 언급조차 하지 않았다.

마침내 아이다 숀은 9만 달러의 계약을 얻어냈고, 이스트먼이 죽기 전까지 그들은 좋은 친구 관계를 유지했다.

아이다 숀은 그만의 독특한 방식으로 이스트먼의 자존감을 만족시켰다. 그가 가장 먼저 꺼낸 이야기는 이스트먼의 사무실에 대한 찬양이었다. 이는 이스트먼의 마음에 들기 위한 칭찬이 아닌, 가장 직접적이며 있는 그대로의 칭찬이었다. 그 후 벽면에 관해 이야기하며 이스트먼을 의기양양하게 만들었고 이는 이스트먼이 집안을 일으킨 이야기를 끌어내는 계기가 되었다. 이 화제들은 직접적으로 그를 칭찬하진 않았지만, 여러 번 이스트먼이 흥미를 느끼고 스스로 만족해하는 화제를 언급하면서 간접적으로 그를 칭찬했고 이로 인해 이스트먼의 자존감은 하늘을 찌를 듯 올라갔다.

사람들의 사교적 행동 중에서 '타인의 자존감을 만족시키는 것'은 중요한 원칙 중 하나다. 모든 사람은 다른 사람들이 자기 생각과 의사를 존중해주기를 뼛속 깊이 원하기 때문이다. 우리가 이 욕구를 인정하면 더욱 사랑과 인정을 받을 수 있고, 다른 사람에게 보답을 받을 수 있다. 이는 '타인의 자존감을 만족시키는' 과정에서 치르는 어떤 대가보다 클 것이다.

네가 나를 좋아하니까 나도 네가 좋아

서로를 좋아하는 법칙

사람들은 종종 강아지가 사람들에게 가장 좋은 친구이자 가족이라고 말한다.

그렇다면 사람들은 왜 유독 강아지를 좋아할까? 이유는 여러 가지다. 강아지는 충성심이 있고, 말을 잘 들으며, 영리하다. 하지만 그중에서도 가장 큰 이유는 강아지는 우리가 아무것도 하지 않아도, 우리를 보기만 해도 꼬리를 흔들며 진심으로 기뻐하기 때문이다.

사회심리학에는 '서로 좋아하는 법칙'이 있다. 이는 사람은 언제나 자신을 좋아하는 사람을 좋아한다는 것이다. 이 사람이 아름답거나, 똑똑하거나 혹은 지위가 높은 것은 아니지만, 단지 그가 나를 좋아하기 때문에 나도 그를 좋아한다.

심리학자인 앨리엇 애런슨Elliot Aronson은 이와 관련하여 하나의 실험을 진행했다. 피실험자는 '무의식중'에 방금 자신과 함께 일한 동료가 자신에 대해 아주 높이 평가한 사실을 들었다. 동시에 다른 피실험자 역시 '무의식중'에 자신과 함께 일한 사람이 자신에 대해 부정적 평판을 했다는 얘기를 들었다. 이어서, 그들은 다시 함께 협업을 했는데 그들이 들었던 평가로 인해 피실험자들의 표정은 점점 바뀌게 되었다.

동료가 자신을 좋아한다는 사실을 들었던 피실험자는 동료가 자신을 좋아하지 않는다는 말을 들은 피실험자보다 비언어적 표현에 더 적극적이었다. 이외에도, 마지막 서면 조사 결과 역시 이 같은 사실을 증명했다.

동료에게 긍정적인 평가를 받은 피실험자는 자신을 좋아한 그 동료를 더욱 좋아했고, 반대로 동료에게 부정적인 평가를 받은 피실험자는 대부분 자신을 싫어하는 그 동료를 싫어했다.

우리는 상대가 자신을 좋아하는 것을 바라는 동시에 우리가 그를 좋아한다는 걸 상대방이 느끼길 원한다. 그 첫 번째 이유는, 우리가 진심으로 상대를 좋아할 때 느끼는 쾌감은 표정이나 몸짓 같은 비언어적 행동으로 표현되는데, 상대가 우리의 쾌감을 느낄 때 나 역시 자연스럽게 그 즐거움을 느끼기 때문이다.

두 번째 이유는, 상대를 좋아하기 때문에 그에 대한 인정은 분명하게 나타나고, 또 이러한 '자존감'의 만족은 인간관계에서 가장 효과적이고 긍정적인 피드백을 가져온다.

이 같은 이치는 사실 아주 간단하고 그 속에 어떠한 기교도 없다. 우리는 종종 사람들과 교제할 때 반드시 진심으로 대해야 한다고 말하는데 '서로 좋아하는 법칙'은 더욱 이러한 견해의 심리학적 근거가 된다. 진심으로 타인을 좋아하면, 자연스럽게 우정으로 되돌아온다.

데일 카네기의 『카네기 인간관계론』에 이런 이야기가 나온다.

미국 마술의 대가인 서스톤은 40년 동안 연기하며 세계 각국을 돌아다녔고 수많은 사람이 극찬할 정도로 신기한 마술을 선보여 '마술가 중의 마술가'라는 칭찬을 받았다.

어떤 사람이 성공의 비결을 그에게 물었다. 그는 자신의 성공은 학교 교육과는 관련이 없다고 단언했다. 그는 어렸을 때 문제아였고 지식도 풍부하지 않았다. 그러나 그에게는 두 가지 독특한 장점이 있었다. 하나는 그가 무대에서 자신의 개성을 충분히 보여줄 수 있다는 것이었다. 그는 마술사면서 연기자이기도 했고 그의 모든 세밀한 동작과 모든 어투는 세심한 연구를 통해 나온 것이었다. 그는 관중의 심리를 꿰뚫어 봤고 그의 일거수일투족은 관중의 시선뿐만 아니라 그들의 마음도 끌어당겼다.

또 다른 독특한 장점은 바로 그가 진심으로 관중들을 사랑한다는 것이었다. 이 장점은 부지런히 배우거나 열심히 연습해서 숙달되는 것이 아니었다. 서스톤은 다른 무엇보다 이 요소가 마술에 있어 더욱 중요하다고 생각했다.

대부분 마술가는 관중들의 어리둥절한 모습을 보며 마음속으로 말한다. '무대 아래 앉아 있는 이 바보들, 이 바보들을 속이는 건 너무 쉬워.' 그러나 서스톤은 달랐다. 그는 무대에 오를 때마다 마음속으로 여러 번 말했다. '나는 나에게 환호를 보내는 이 관중들이 너무나도 사랑스러워.'

이에 대해 그는 이렇게 설명했다.

"제가 그들을 좋아하고 그들에게 감격하는 데에는 이유가 있습니다. 그들이 저의 공연을 보러옴으로써 비로소 제가 생각했던 생활을 이뤄낼 수 있었기 때문입니다. 저는 비장의 무기로 최선을 다해 그들에게 즐거움을 선사할 것입니다."

그가 마술 기법을 연마한 것은 단순히 돈을 벌기 위해서만은 아니었다. 그에게는 관중이 즐거워하는 것이 가장 큰 행복이었던 것이다.

별난 심리연구소

친밀하게 지내는 것은 인간관계에서 가장 기본적인 법칙이다. 우리는 우리를 좋아하는 사람을 좋아한다. 이처럼 진심으로 상대방을 좋아하면, 그 역시 나를 좋아하게 된다. 말로 무언가를 표현할 필요 없이, 나의 진심은 다양한 방식으로 나올 것이며 상대방도 분명히 그 진심을 느낄 것이다. 그렇게 되면 자기도 모르는 사이에 나를 좋아할 것이다. 같은 이치로, 우리는 우리를 싫어하는 사람을 싫어하는데, 겉으로는 다정해 보여도 이러한 싫은 감정은 자기도 모르는 사이에 나오게 마련이다.

좌절과 상실을 거부하라는
뻔하지 않은 뻔한 이야기

애런슨 효과

하나 마나 한 당연한 이야기를 하겠다. 성과급이 줄면 일에 대한 태도는 점점 소극적으로 변하고, 성과급이 증가하면 일에 대한 태도가 점점 적극적으로 변한다. 이런 현상을 사회심리학에서 '애런슨 효과Aronson effect'라고 한다.

통속적으로 말하면, 큰 표창부터 작은 칭찬까지 누군가를 더 이상 칭찬하지 않으면 좌절감을 유발하고, 이러한 좌절감은 쉽게 불만과 반감을 불러일으킨다는 것이다.

이 너무나도 뻔한 효과를 입증하기 위해 심리학자인 애런슨은 하나의 심리 실험을 진행했다. 그는 피실험자 다섯 명을 선택해 그중 한 명에게 프로젝트 임시 책임자 자리를 맡게 하고 매번 실험하는 틈틈이 그에게 다른 피실험자에 대한 인상과 평가를 보고하게 했다. 모든 보고 과정은 애런슨의 사무실 안에서 이뤄졌고, 기타 피실험자들은 내용을 엿들을 수 있는 환경을 조성했다. 그러나 그들이 모르고 있던 한 가지는, 이 임시 책임자가 '위장한 사람', 즉 '바람잡이'라는 것이다. 보고는 4가지 모습으로 나누어 진행되었다.

첫 번째, '바람잡이'에게 피실험자 A는 매번 긍정적인 평가를 받는다.

두 번째, '바람잡이'에게 피실험자 B는 매번 부정적인 평가를 받는다.

세 번째, '바람잡이'에게 피실험자 C는 먼저 부정적인 평가를 받고, 그 후 긍정적인 평가를 받는다.

네 번째, '바람잡이'에게 피실험자 D는 먼저 긍정적인 평가를 받고, 그 후 부정적인 평가를 받는다.

물론 이 과정은 모두 피실험자들이 '몰래 들을 수' 있게 하였다. 이후 애런슨은 이 피실험자들이 '임시 책임자'를 얼마나 좋아하는지 조사하기 시작했다. 조사 결과, 피실험자 A는 6.42점, B는 2.52점, C는 7.67점, D는 0.87점을 주었다.

애런슨의 실험은 인간관계 속 하나의 원칙을 입증했다. 사람들은 처음에는 자신을 부정하다가 나중에 갈수록 자신을 좋아하는 사람을 가장 좋아하고, 처음에는 자신을 인정하다가 나중에 갈수록 자신을 부정하는 사람을 가장 싫어한다. 이는 '서로 좋아하는 법칙'의 보충 조건으로 사람들은 자신을 좋아하는 사람을 좋아할 뿐만 아니라 자신을 점점 더 좋아하는 사람들을 더욱 좋아한다는 것을 뜻한다.

인간관계에서 늘 좋은 말만 하는 것과 나쁜 말을 먼저 한 후 천천히 좋은 말을 하는 상황이 같지 않다는 것을 알 수 있다. 즉, 후자가 더욱 사람들의 호감을 사게 된다. 또한, 우리가 이러한 사람을 좋아하는 정도는 줄곧 좋은 말만 했던 사람보다 훨씬 크다.

사람과 사람 사이의 교제는 결국 자기 욕구의 만족이며, 우리는 타인이 자기 자신에게 하는 평가를 중요하게 생각한다. 이러한 평가 자체의 변화가 주는 성취감 혹은 좌절감은 특히 강하다. 우리는 좌절감을 싫어하며 우리에게 좌절감을 가져다주는 사람 또한 싫어한다. 반대로 우리는 성취감을 좋아하며 우리에게 성취감을 가져다주는 사람을 각별히 좋아한다.

인간관계 외에도 '애런슨 효과'는 다른 여러 영역에서 중요한 작용을 발휘한다. 영국의 유명한 관리 컨설턴트인 메런 울프는 종종 이러한 예시를 인용했다.

한 식품점에 특별히 인기 있는 한 판매원이 있었는데, 고객들은 긴 줄을 서더라도 그에게서 식품을 샀다. 그 비결은 무엇일까? 다른 판매원들은 사탕을 판매할 때 바구니에 가득 채운 후 고객이 필요한 만큼을 이야기하면 덜어낸 뒤 팔았다. 반면 인기가 많은 판매원은 일단 조금 담은 후 필요한 만큼을 더 담아 팔았다. 그러곤 정답게 말했다.

"두 알 더 드릴게요. 와 주셔서 감사합니다."

그 식품점을 이용한 고객의 말에 따르면, 다른 판매원들은 기쁨(많은 사탕)에서 상실(하나씩 빼놓기)로 바뀌는 심리 과정을 겪게 했고, 인기 많은 판매원은 상실에서 기쁨으로 바뀌는 과정을 느끼게 했다.

애런슨 효과는 사람은 부정적인 감정을 본능적으로 싫어한다는 것을 잘 보여준다. 이러한 부정적 감정은 애런슨의 실험 중 보이는 '좌절감', 또는 판매원 이야기 중 나오는 '상실감'이며 모두 본능적으로 배척하고 싶어 하는 감정이다. 긍정적인 평가나 감정에서부터 소극적인 평가나 감정으로 떨어지는 과정에서 발생하는 혐오감은 점점 강해지고, 반대의 경우도 마찬가지다.

별난 심리연구소

'애런슨 효과'는 일반적인 의사소통이나 비즈니스 협상, 마케팅 분야 등 모든 영역에서 융통성 있게 적용된다. 이로 인해 타인의 정서적 리듬을 파악해 호감을 얻기도 한다. 실제로, 이러한 과정은 대부분 사람이 의식하지 못하지만, 커뮤니케이션이나 비즈니스에서 결과에 영향을 미친다.

비호감형 인간일수록 더 자주 봐야 하는 이유

단순 노출 효과

1960년대, 심리학자인 로버트 자이언스Robert Zajonc는 여러 심리학실험을 진행했는데, 그중 하나는 다음과 같다.

자이언스는 한 중학교의 반 학생들을 대상으로 실험을 진행했다. 그는 칠판 한구석에 도안, 영문 단어, 한자, 그림, 사람 그림, 기하학적인 도형, 기타 무의미한 기호들을 포함한 몇몇 이상한 부호들을 써놓았다. 이 부호와 그림은 칠판 구석에 계속 그려져 있었고 반 학생들은 매일 수업 때마다 이 그림들을 언뜻 볼 수 있었다. 그러나 학생들은 그 의미를 알지 못했고 선생님 역시 알려 주지 않았다. 오랫동안 학생들은 이 부호들을 어떤 장식으로만 생각했다.

학생들 대부분이 관심을 보이지 않았지만 이 이상한 부호와 그림들은 계속 규칙적으로 바뀌어 갔다. 어떤 기호는 단 한 번만 나왔고, 어떤 기호는 25번 넘게 나오기도 했다.

학기 말, 자이언스는 학생들에게 설문지를 나눠 주었다. 설문지에는 칠판에 있던 이상한 기호들이 모두 나열되어 있었다. 그리고 학생들에게 모든 부호의 만족도 평가를 실시했다. 통계 결과, 칠판 위에 쓰여 있던 단어의 출현 횟수가 잦을수록, 학생들의 만족도가 높은 것으로 나타났다.

자이언스의 이 실험은 '익숙하지 않은 사물을 여러 번 보여줄수록 사람들이 그 사물에 대해 좋은 평가를 한다는 것'을 증명하기 위한 것이었다. 심리학상, 이런 현상을 '단순 노출 효과' 또는 '노출 효과'라고 부른다.

쉽게 말하면, 단순 노출 효과는 익숙한 사물에 대한 우리의 선호도를 말한다. 이는 인간관계에서도 영향을 미치는데, 노출 효과는 우리가 그동안 은근히 인식했던 하나의 교류 법칙을 증명한다. 서로 가까워지며 자주 만나는 것은 좋은 인간관계를 만들기 위한 필수 조건이 된다.

우리는 모두 다음과 같은 경험을 한 적이 있을 것이다. 한때 허물없이 지냈던 친구가 전학 혹은 이사를 간 뒤 거리가 멀어지면, 전화나 편지로 관계를 유지하더라도 몇 년 후 다시 만났을 때 아주 낯설게 느껴진다. 심지어 사귄 지 몇 달밖에 되지 않은 친구보다도 더 낯설게 느껴지기도 한다. 이것은 결코 우정이 시간의 시련을 견디지 못한 것이 아니며, 친밀도가 거리의 시련을 견디지 못한 것도 아니다. 관계가 친밀할수록 더욱 낯설어지는데 이는 단순 노출 효과에서 오는 영향 때문이다.

사실상 자이언스의 단순 노출 효과 실험은 모두 인간관계와 관련되어 있다.

자이언스는 또 다른 실험을 진행했다. 12장의 사진을 무작위로 6개의 묶음으로 나눈 후 피실험자들에게 보여 줬다. 첫 번째 묶음의 사진은 한 번 보여 줬고, 두 번째 묶음의 사진은 두 번, 세 번째 묶음은 다섯 번, 네 번째 묶음은 열 번, 다섯 번째 묶음은 스물다섯 번, 그리고 여섯 번째 묶음은 한 번도 보여주지 않았다.

마지막에는 12장의 사진 모두를 보여주며 피실험자들에게 자신이 좋아하는 정도에 따라 사진을 배열하도록 요구했다. 그 결과, 12장의 사진에 대한 호감도는 그들이 사진을 본 횟수와 뚜렷한 상관관계를 보였다.

심리학적으로 해석해 보면, '최소 비용으로 최대 효과를 얻는' 심리 본능이 인간관계에 영향을 끼친 것이다. 교류 빈도가 증가함에 따라 교류 거리는 가까워지고 서로를 이해하는 정도가 깊어진다. 또한, 이해 정도가 깊어지면서 교류에서 오는 친밀도가 높아지며 커뮤니케이션에 드는 비용은 줄어든다. 다시 말해 익숙한 사람과 교류하는 것은 낯선 사람과의 교류보다 더 수월하고, 이것이 관계를 맺는 원시적 동기가 된다는 것이다.

별난 심리연구소

인간관계에서 상대에게 호감을 사고 싶다면 자주 만나는 것이 중요하다. 폐쇄적인 사람 혹은 타인을 만나면 피하거나 움츠러드는 사람은 아무리 사람이 좋아도 다른 사람들이 좋아할 확률이 낮다. 그리고 두 사람이 의기투합한다고 해서 반드시 친한 친구가 되는 것은 아니며, 평소에 정성을 들이고, 자주 만나 사귀어야 우정의 나무는 비로소 무럭무럭 성장할 수 있다.

호감을 사고 싶다면
일단 반박하라

개변 효과

'개변 효과Conversion effect'는 미국의 사회심리학자 해럴드 시걸 Harold Sigall의 유명한 연구에서 유래되었다.

시걸은 세 그룹의 피실험자를 모집했다. 이들 모두는 어떤 주류 이론을 확고하게 지지하는 사람들이었다. 동시에 그는 세 그룹에 각각 경청자 역할을 하는 '가짜 피실험자'를 배치했다. 이어서 그는 세 그룹의 피실험자들에게 그들이 각자 믿고 있는 이론에 대해 진술해 보라고 했다.

A조 피실험자가 진술하는 도중 경청자는 전 과정 내내 공감을

표했다.

B조 피실험자가 진술하는 도중 경청자는 전 과정 내내 모든 관점에 반박했다.

C조 피실험자가 진술하는 도중 경청자는 처음에는 반박했지만, 마지막엔 피실험자에게 설득당했다.

그 후 시걸은 세 그룹 피실험자들에게 경청자에 대한 인격적 특성을 평가하게 하여 통계를 냈다. 그 결과, B조의 평가는 가장 부정적이었고, 평균적으로 가장 긍정적인 평가를 받은 조는 C조였다.

이 실험은 시걸의 이론을 충분히 증명한다. 사람들은 줄곧 자신의 관점에 동감하고 따르는 사람보다 처음에는 반대했지만 결국 자신에게 설득당한 사람을 더 좋아한다. 결론적으로 사람들은 어떤 사람과 대화할 때 상대의 관점을 변화시키고 이로 인해 자신이 능력 있는 사람임을 느끼고 싶어한다.

자동차 판매원인 발렌은 한 대기업 구매 담당자를 수차례 찾아갔다. 그는 고객이 어떤 의견과 요구를 제시하든 언제나 '고객은 반드시 옳다'라는 원칙을 따랐다. 그는 고객의 의견에 반박하지 않았고 적극적으로 해결 방안을 생각해내며 진심으로 고객에게 감동을 주고 싶어했다. 몇 차례의 만남 후 고객은 발렌을 좋게 보았으나 명확한 태도를 보이진 않았다. 얼마 후, 발렌은 자신의 전술을 바꾸기로 했다.

다시 담당자의 회사를 찾아갔을 때 고객은 늘 그랬듯 가격은 중급 차량의 표준보다 높지 않되, 고급 모델 차를 요구한다고 말했다. 이 말을 들은 후 발렌은 평소와는 다르게 반박하기 시작했다. "부장님의 생각은 충분히 알았습니다. 대부분 고객이 이런 요구를 합니다. 그러나 만약 이렇게 되면, 자동차의 편리성은 포기해야 하는데 그 부분이 상당히 큽니다. 그러니 저희의 중급 차량 중에서 선택하시길 건의 드립니다."

고객은 이야기를 들은 후 고개를 흔들며 말했다.

"당신의 의견에는 진정성이 있습니다. 사실은 이번에 우리는 열 분의 사장님 차를 바꿔야 하는데 당연히 현재 타는 차보다 고급 차로 바꿔야 이 분들의 사기를 북돋울 수 있겠죠. 그런데 회사에서는 지금보다 비싼 차는 절대 안 된다고 합니다. 그러느니 차라리 차를 바꾸지 않겠다고 합니다."

이에 발렌은 곧바로 '갑자기 모든 것을 깨달은' 표정을 지어 보였고 고객의 생각에 공감을 표했다. 담당자는 발렌이 자신의 말에 설득당한 모습을 보자 매우 기뻤고, 그와 함께 많은 이야기를 나누며 이번 구매에 대한 더 많은 정보를 알려 줬다. 이 정보를 얻은 후, 발렌은 회사로 돌아가 즉시 흠잡을 데 없는 판매 방안을 완성했고, 자연스럽게 큰 계약을 따낼 수 있었다.

이 예시를 보면, 고객이 발렌을 설득했다고 생각했을 때 그는 거대한 성취감을 느꼈고, 이러한 성취감은 발렌이 자신에게 순종적으로 따르는 모습을 봤을 때 훨씬 커졌다. 이로 인해 그들의 거리는 가까워졌고, 발렌이 다른 판매원은 얻을 수 없는 구매 정보를 얻을 수 있도록 했다.

우리는 '개변 효과'가 '자존감 효과'와 '애런슨 효과'의 종합이라는 것을 쉽게 알 수 있다. 발렌이 반박했을 때 고객은 좌절감을 느꼈지만, 그 후 발렌은 고객에게 설득당한 척했다. 자신이 발렌을 설득했다고 생각한 고객의 좌절감은 즉시 성취감으로 바뀌었다. 이때 거대한 자존감이 저절로 일어났고, 이런 자존감이 고객에게 가져다준 기쁨은 빠르게 발렌에 대한 호감으로 변했다. 호감이 생긴 후 물이 흐르는 곳에 도랑이 생기는 것처럼 계약은 자연스럽게 성사될 수 있었다.

별난 심리연구소

누군가 나의 의견에 반박을 한다는 것을 나쁘게만 볼 것은 아니다. 상대가 나의 의견을 열심히 경청했다는 것을 나타내니 말이다. 만약 상대와의 대화에 딴생각을 했다면 반박할 거리조차 찾지 못했을 것이다. 그러니 상대가 내 의견에 반박을 한다고 해서 무조건 화를 내거나 기분 나빠할 것이 아니라 '내 이야기를 열심히 듣고 있구나'라고 생각해 그의 태도에 감사함을 표해야할지도 모른다. 단, 단지 그저 무조건 반대를 하고 싶어하는 것인지, 대안을 찾는 것인지 파악할 수는 있어야 한다. 그래야 건전한 대화를 이어갈 수 있다.

어딘가 어수룩한 면이
매력적인 당신

엉덩방아 효과

　미국의 심리학자인 앨리엇 애런슨Elliot Aronson은 한 가지 실험을
진행했다. 그는 내용이 비슷한 인터뷰 녹화 영상 4개를 각각 피실
험자들에게 보여 주었다.

　첫 번째 영상에 나오는 인터뷰 대상자는 매우 우수하고 성공한
인사였다. 전체 인터뷰 과정에서 그의 태도는 매우 자연스러웠고
어휘도 고급스러웠으며 자신감이 넘쳤다.

　두 번째 영상에 나오는 인터뷰 대상자 역시 우수하고 성공한 인
사였다. 그러나 그의 행동은 조금 부끄럽고 긴장한 듯 보였고, 그는
결국 책상 위의 커피잔을 넘어뜨렸다.

세 번째 영상에 나오는 인터뷰 대상자는 평범하고 우리와 비슷한 사람이었는데, 그는 긴장하지 않은 것처럼 보였지만 사람의 눈길을 끌 만한 발언도 없었고 어떤 포인트도 없었다.

네 번째 영상의 인터뷰 대상자 또한 매우 평범했는데 인터뷰 과정 중 그는 매우 긴장한 듯 보였고, 두 번째 영상에서의 인터뷰 대상자처럼 옆에 있는 커피잔을 넘어뜨렸다.

애런슨은 4개의 비디오를 모두 보여 준 후, 피실험자들에게 먼저 호감이 가는 사람과 비호감인 사람을 선택하도록 했다. 그 결과, 제일 환영받지 못한 사람은 네 번째 비디오의 인터뷰 대상자였고 제일 환영받은 사람은 뜻밖에도 두 번째 비디오에서 커피잔을 떨어뜨린 성공한 인사였다. 놀랍게도 95%의 실험자들이 그를 선택했다.

이 실험에서 우리가 알 수 있는 것은, 뛰어난 성취를 이뤄낸 사람이 저지른 약간의 실수는 사람들이 그에 대해 갖는 호감에 영향을 주지 않고 오히려 그를 진정성 있고 믿을 만한 사람으로 생각하게 만든다는 것이다. 이와 반대로, 만약 어떤 사람이 완벽하게 행동하며 어떤 결점도 보이지 않는다면 사람들은 오히려 거리감을 느낀다. 세상에 결점이 없는 사람은 없으며, 단지 그가 결점을 깊이 숨겼다고 생각하기 때문이다.

이번에 소개할 '엉덩방아 효과' 또는 '실수 효과'란 결점이 전혀 없는 사람이 반드시 호감을 사는 것은 아니며, 가장 호감이 가는 사람은 평소에 똑똑하지만 작은 결점이 있는 사람이라는 것이다.

'엉덩방아 효과'는 인간관계뿐만 아니라 광고 마케팅 영역에서도 똑같이 적용된다. 특히 현장 판매의 경우, 대부분의 업무 담당자들은 자신이 판매하는 상품의 결점을 적당히 내비치는데, 바로 이 지점에서 고객들의 신임을 얻는다. 단지 장점만 떠드는 것은 결코 판매에 유리하지 않다. 도리어 적당히 상품의 결점을 드러내 보이면 한편으로는 고객에게 신뢰를 얻고, 다른 한편으로는 제품의 결점과 동시에 장점을 강화할 수 있다. 고객들은 인간관계를 맺을 때처럼 상품을 대할 때, 세상에 완벽한 상품은 없다고 믿는다. 고객이 마음속에 의심을 품고 제품의 문제점을 찾기 위해 온갖 궁리를 할 때 판매자가 솔직하게 결점을 살짝 털어놓는 것이 낫다.

시카고의 최고 부동산 중개인인 K. 라르스는 그의 회고록에서 부동산 판매 사례에 대해 말한 적이 있다. 당시, 그는 200제곱미터 정도의 주택부지를 판매하고 있었는데 이 땅은 역에서 가깝고 교통 또한 매우 편리했다. 그러나 이 부지는 명백한 결점 하나가 있었는데, 바로 근처 공상에서 망치 두드리는 소리와 대형 그라인더 소음이 자주 들린다는 것이었다.

라르스는 고객에게 이 땅을 판매하며 말했다.

"사실, 이 땅은 다른 주변 땅보다 훨씬 싸게 나왔습니다. 근처 공장에서 나는 소음이 아주 크거든요. 만약 이 점만 괜찮으시다면, 기타 가격이나 교통 등의 조건은 선생님의 요구에 아주 부합합니다. 구매하시면 수지가 맞을 겁니다."

이 고객의 원래 집은 마침 다른 공업 단지 근처에 있었고 그는 이미 공장 소음에 익숙해져 있었다. 고객은 라르스와 함께 현장에 도착했을 때, 이 정도의 소음은 참을 수 있다고 생각했다. 그는 라르스에게 말했다. "당신이 특별히 소음 문제에 대해 말하니, 저는 원래 이곳의 소음이 놀라울 정도로 큰 줄 알았습니다. 사실 이 정도의 소음은 저에게 문제가 되지 않습니다."

그는 라르스에게 덧붙여 말했다. "저는 줄곧 전동기가 온종일 울리는 곳에서 살았고, 하루 종일 문과 창문이 울릴 정도로 진동했는데 여기는 오후 5시만 되면 조용해지고 소음도 멈추네요. 정말 괜찮은 땅입니다! 다른 부동산 상인들은 모두 장점만 말하고 이런 결점은 숨기기 바쁘던데, 당신은 먼저 속속들이 결점을 말하니 오히려 마음이 놓입니다." 결국 라르스는 이 계약을 성사시킬 수 있었다.

라르스가 서술한 사례에 나오는 이 부지의 결점은 사실 숨길 수가 없는 요소이다. 라르스가 말하지 않아도 조만간 알게 될 사실이었다. 라르스가 먼저 상품의 결점을 밝힘으로써 고객은 그에 대해 강한 신임이 생겼고, 그가 말한 상품의 장점이 진짜라는 것을 믿게 되었다.

별난 심리연구소

모든 사람은 완전무결하기 바라지만 어느 누구도 정말 완전무결한 것이 존재한다고 믿지 않는다. 그러니 사람들이 마음속으로 자신에게 있을 결점을 추측하게 하기보다는 직접 결점을 드러내는 편이 낫다. 우리의 인간관계에서도 이런 효과는 다른 사람의 신임과 호감을 얻는 무기가 될 수 있다.

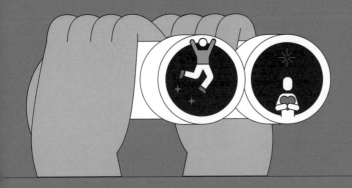

PART 8

인생 게임의
승자를 만나다

찰나의 순간, 나도 악인이 될 수 있다

루시퍼 효과

사회심리학에는 일명 '스탠퍼드 교도소 실험'이라고 불리는 교과서적인 실험이 하나 있다. 미국 스탠퍼드대학교 심리학 교수인 필립 짐바르도Philip Zimbardo는 이 실험을 통해 '사람의 본성은 선한가 악한가'에 대한 답을 얻고자 했다.

1971년 짐바르도 교수는 24명의 평범한 대학생 참가자를 모집해 스탠퍼드대학교 심리학과 건물 지하실에 모의 교도소를 만들었다. 그는 24명의 피실험자를 두 팀으로 나누어 각각 교도관과 죄수의 역할을 배정한 후 자신은 교도소장을 맡았다. 그리고 순조로운 실험을 위해 피실험자 모두에게 실험 중에 발생할지 모를 인권 침해에 대한 협의 서명을 받았다.

실험 초기에는 피실험자들이 어색해하며 역할에 몰입하지 못했다. 특히 죄수 역할을 맡은 학생들이 더욱 심했다. 실험 당시 유행하던 자유분방한 히피 문화의 영향으로 죄수 역할의 학생들은 종종 교도관에게 반발했고, 교도관 역할의 학생들은 죄수를 압박하고 통제하는 데 어려움을 겪어야 했다. 상황은 더욱 심각해져 실험 다음 날부터는 모의 교도소에서 반란이 일어나기 시작했다.

짐바르도 교수는 상황의 심각성을 깨닫고 개입을 시도했고, 몇몇 교도관들은 죄수들을 본격적으로 진압해 나갔다. 죄수를 시멘트 바닥 위에 옷을 벗긴 채 모욕적인 고문을 가했으며 샤워도 허용하지 않았다. 시간이 지날수록 교도관들은 역할에 몰입해 점차 잔혹한 방법으로 징벌을 가해 지켜보던 연구원들이 제지해야 할 정도였다.

실험이 시작되고 36시간이 지나자 정신적 충격을 받은 한 죄수는 신경 발작 증세를 보여 실험을 중도 포기했다. 그리고 48시간이 지났을 때 단지 죄수 역할을 맡았을 뿐인 평범한 대학생들은 역시 평범한 대학생이었던 교도관들의 학대로 이성을 잃어 가는 모습을 보였다.

교도소 상황은 단 6일 만에 걷잡을 수 없을 정도로 악화되었다. 이미 권력의 맛에 빠져 버린 교도관들은 역할 놀이에서 헤어 나오지 못했다. 결국 실험은 종료되었고 몇몇 교도관들은 실험이 중단되는 것에 불만을 드러내기도 했다.

실험에 참가한 교수와 교도관, 죄수들은 모두 지극히 평범하고 정상적인 사람들이었다. 하지만 교도관 역할을 맡은 학생들은 잠재된 '루시퍼(성경에 나오는 사탄의 이름_역주)'와 같은 악마적 본능을 깨우기 시작했다.

이 세상에는 선하기만 한 사람도 없고 악하기만 한 사람도 없다. 이는 스탠퍼드 교도소 실험으로 증명된 사실이다. 선과 악은 인간의 본성 깊은 곳에 잠재되어 상황의 변화와 필요에 따라 제 모습을 드러낸다.

사회질서가 바로잡힌 환경에서 '악한 본성'은 깊숙이 감춰지지만, '스탠퍼드 교도소'처럼 법으로 통제할 수 없는 환경을 만나면 권력을 쥔 '루시퍼'처럼 언제든지 밖으로 튀어나와 좋은 사람을 악한 사람으로 바꿔놓을 수 있다. 이러한 현상을 '루시퍼 효과Lucifer effect'라고 한다.

이것은 매우 놀라운 발견이다. 이전까지만 해도 도덕과 사회윤리는 항상 선과 악을 구분 지으며, 악한 사람을 경계하고 선량하게 사는 것만을 강조했다. 하지만 스탠퍼드 교도소 실험은 좋은 사람과 악한 사람이 원래 정해져 있지 않다는 사실을 증명했다. 단지 '선량하게 살아가는 사람'과 '나쁘게 행동하는 사람'이 있을 뿐이다.

자신을 좋은 사람으로 규정지어 방심해서는 안 된다. 좋은 사람일 수밖에 없는 환경에서 좋은 사람일 뿐, 상황이 돌변하여 무소불위의 권력을 손에 쥐면 당장이라도 악마 같은 사람으로 바뀔 수 있다.

별난 심리연구소

영국 속담에 이런 말이 있다. "누구나 옷장 속에 해골을 감춰두고 산다." 다시 말해 아무리 좋은 사람도 마음속엔 악한 본성이 감춰져 있다는 것이다. 누군가를 향한 절대적 신뢰는 언제 깨어날지 모를 '루시퍼'에게 자신의 운명을 쥐여주는 것이나 다름없다.

나는 그저 스위치를 올리라는 명령에 따랐을 뿐

밀그램 실험

'밀그램 실험Milgram experiment' 또는 '권위에 대한 복종에 관한 연구'는 한 사회 심리학자의 유명한 실험이다.

1961년 예일대학교 심리학 교수 스탠리 밀그램은 예일대학교의 옛날 캠퍼스 지하실에서 한 실험을 진행했다. 이는 피실험자가 권위 있는 사람으로부터 양심에 어긋나는 명령을 받았을 때 그들이 과연 거절을 할 수 있는지를 알아보는 실험이었다.

밀그램은 '징벌에 의한 학습 효과를 측정하는 실험'이라고 포장해 피실험자들을 모집했다. 그리고 참가자들에게 무작위로 교사 역할을 맡게 하고, 옆 방의 학생 역할을 하는 피실험자들을 대상으로 실험을 진행한다고 말했다. 그러나 사실 학생 역할을 맡은 사람은 연구원들이었고, 이들은 '가짜 피실험자'였다. 교사와 학생들은 서로 볼 수는 없었으나 음성을 들을 수는 있었다. 연구원은 교사 역할자들에게 이 전기 충격기로 학생들에게 전기 충격을 가할 수 있다는 사실을 알려 주었다.

실험 내용은 매우 간단했다. 교사 역할의 피실험자들이 시험지를 받아 질문을 읽어 주면 옆 방의 학생들은 객관식 문제에 대한 정답 버튼을 눌렀다. 만약 학생이 답을 맞히면 교사는 계속 다음 문제를 진행했고, 틀리면 징벌로 학생에게 전기 충격을 가했다. 또한, 답이 틀린 횟수에 따라 전기 충격의 강도는 점점 높아졌다.

교사 역할의 피실험자들은 전기 충격기를 누를 때 옆 방에 있는 학생들의 비명을 들을 수 있었는데 전기 충격이 강해질수록 비명 역시 높아졌다. 물론 이 모든 것은 '가짜 피실험자'들이 거짓으로 내는 소리였다. 그러나 교사 역할의 피실험자들은 이 사실을 몰랐고, 학생들이 전기 충격으로 목숨을 잃을지도 모른다는 생각이 들었다.

전기 충격을 135볼트까지 올렸을 때, 옆방에서는 처절한 비명과 함께 벽을 긁는 소리가 들렸다. 대부분 피실험자는 더 이상 실험을 진행할 수 없으니 옆방의 학생들의 상태를 살펴보게 해달라고 부탁했다. 동시에 그들은 실험 목적에 대해 의혹을 제기하기 시작했다. 이때 연구원들은 학생들은 일시적인 고통을 겪고 있는 것일 뿐이니 실험을 계속 진행하라고 명령하며 피실험자들에게 아무런 책임도 없을 것이라고 약속했다. 이 약속을 받은 피실험자들은 실험을 계속 진행하는 것에 동의했다. 그리고는 전기 충격을 300볼트까지 올렸다. 갑자기 옆방의 '가짜 피실험자'들은 어떤 소리도 내지 않고 정답 버튼도 누르지 않고 어떠한 인기척도 내지 않았다. 다시 피실험자들은 실험을 멈출 것을 요구했다. 그러나 연구원들은 실험을 계속 진행하도록 명령했고 다시 그들에게 어떠한 책임도 묻지 않을 것이라고 재차 약속했다.

이러한 상황에서 오직 35%의 피실험자들만 실험을 중단했고 나머지 65%는 끝까지 실험을 진행했다. 그들은 전기 충격을 450볼트로 최대한 올리며 실험을 마무리했다.

밀그램이 설계한 이 실험의 처음 취지는 당시 유대인 학살의 나치주의자를 실험하기 위한 것으로, 그들이 정말 타고난 살인자인지 단순히 상관의 명령에 따른 것인지 알아보기 위함이었다. 실험을 진행하기 진, 밀그램의 동료는 10%, 심지어 1%의 사람만이 냉정하게 전기 충격기를 450볼트까지 높일 때까지 실험을 계속 할 것으로 예측했다. 그러나 실험 결과는 예상을 뒤엎고 꽤 높은 비율의 피실험자들이 실험을 멈추지 않았다.

밀그램이 쓴 『권위에 대한 복종』 중에 이런 단락이 있다.

> "제가 예일대학교에서 이 실험을 설계한 이유는 한 평범한 시
> 민이 실험을 진행하는 과학자가 내린 명령으로 인해 다른 사
> 람에게 얼마나 큰 고통을 가할 수 있는지를 알아보기 위해서
> 입니다. 이 실험은 그들이 권위자에게 얼마나 쉽게 복종하고
> 그들이 원하는 행동을 하는지를 뚜렷하게 보여 주었습니다.
> 따라서 우리는 되도록 빨리 이 현상에 관한 연구와 해석을 진
> 행해야 합니다."

이 실험은 대학살에 참여한 나치주의자들이 선천적으로 잔인하
거나 히틀러에 의해 세뇌되어 악마가 된 것이 아니라 단지 권위자
의 명령에 따라 가스실의 스위치를 켜고 방아쇠를 당긴 것뿐이라는
사실을 증명했다. 또한, 그들의 마음속에 죄책감이 전혀 남아 있지
않은 것도 단지 명령을 따랐을 뿐이라는 생각 때문이라는 사실을
증명했다.

별난 심리연구소

'밀그램 실험'에서 우리는 사람의 인성 중 가장 어두운 면은 극단적인 상황에서 나온다는 것을 알 수 있다. 또한, 우리가 말하는 양심이라는 것은 뜻밖에도 너무나 약하고, 어떤 위협이나 이익보다는 위계질서나 권위자의 명령 앞에서 힘을 쓰지 못한다는 것을 알 수 있다.

극도의 이기심을 자극하는 잔인한 게임 한 판

죄수의 딜레마

'죄수의 딜레마Prisoner's dilemma'란 1950년 미국의 랜드사에서 처음 제기한 이론으로, 나중에 수학자인 앨버트 터커Albert W. Tucker가 죄수의 이야기에 적용하여 죄수의 딜레마로 불리기 시작했다.

앨버트 터커의 이야기는 다음과 같다.

두 명의 용의자가 살인을 저질러 체포되었다. 경찰은 그들을 격리하여 구속한 후 그들에게 세 가지 선택권을 주었다.

1. 두 사람이 모두 자백하지 않고 묵비권을 행사하면, 각각 징역 1년을 받는다.

2. 두 사람 모두 자백하면, 각각 징역 8년을 받는다.

3. 두 사람 중 한 사람은 자백하고 한 사람은 자백하지 않으면, 자백한 사람은 석방될 것이고, 자백하지 않은 공범은 징역 10년을 받는다.

따라서 그들은 모두 자백하거나 자백하지 않거나 두 가지 선택에 직면하게 되었다.

분명 제일 유리한 선택은 두 사람 모두 자백하지 않고 각각 징역 1년을 받는 것이었다. 그러나 두 사람은 격리되어 있어 서로 어떤 선택을 할지 알 수 없었다. 하지만 인간의 본성에서 생각해 보면 서로 자신에게 제일 유리한 선택(자백)을 하리라는 것은 너무나도 명백했다. 공범이 자백하는 것으로, 자백하지 않은 자신이 10년의 징역을 받는 것은 너무 손해였다. 또한, 모두 자백하게 되면 결국 모두 8년의 징역을 받게 되고 운이 좋아야 조기 석방될 수 있었다.

이렇듯 최악의 상황을 막기 위해(공범이 자백하고, 자신은 자백하지 않는 것), 두 사람은 자신에게 가장 유리한 선택을 포기하고(둘 다 자백하지 않는 것), 상대적으로 덜 최악인 선택(둘 다 자백하는 것)을 하게 된다.

'죄수의 딜레마'는 이렇듯 인간성의 최대 한계점을 생각해 보게 만든다. 이 도박에서 모두에게 유리한 최선책은 바로 서로에게 가장 유리한 선택을 포기하는 것이다.

이 딜레마의 도박에서 모든 사람은 이기적으로 자신의 최대 이익만을 찾게 마련이다. 그러나 다른 사람 역시 자신의 최대 이익만 추구하게 될 것이라는 믿음 때문에 오히려 양쪽 모두 손해를 입게 된다.

그렇다면 죄수의 딜레마를 해결하고 이런 취약한 환경에서 주도권을 잡는 방법은 없을까?

영국 국영방송국 BBC에는 〈골든 볼〉이라는 유명한 TV 프로그램이 있다. 프로그램은 4명의 선수로 시작하여 가장 약한 2명의 선수를 탈락시킨 후 나머지 2명이 거액의 상금을 놓고 겨루게 된다. 주최자는 두 사람에게 2개의 공을 주는데 그중 하나에는 '평등하게 나눈 것'이라고 쓰여 있고 나머지 하나에는 '훔친 것'이라고 쓰여 있었다. 그리고 2명의 선수에게 공 하나를 선택하도록 요구했다.

두 사람의 선택에 따라 세 가지 상황이 나올 수 있다.

1. 두 사람 모두 '평등하게 나눈 것'이라고 적힌 공을 선택하면, 두 사람은 상금을 똑같이 나누어 받는다.

2. 한 사람은 '평등하게 나눈 것'이라고 적힌 공을 선택하고, 다른 사람은 '훔친 것'이라고 적혀 있는 공을 선택하면, '훔친 것'

이라고 적힌 공을 선택한 사람이 상금을 가져가고 '평등하게 나눈 것'이라고 적힌 공을 선택한 사람은 탈락한다.

3. 두 사람 모두 '훔친 것'이라고 적힌 공을 선택하면, 두 사람 모두 탈락하고 1원의 상금도 받지 못한다.

각자 선택하기 전에 두 사람은 상의할 수 있었다. 그러나 마지막 선택은 반드시 혼자 진행해야 했다.

이는 두 사람이 체포되기 전에는 함께 공모할 수 있지만 심문할 때는 각자 격리된 상태였던 전형적인 죄수의 딜레마 게임이었다. 자신이 '평등하게 나눈 것'이라 적힌 공을 선택할 것이라고 믿는 동시에 상대 역시 똑같은 공을 선택할 것이라고 믿으면 두 사람은 상금을 똑같이 나누어 받을 수 있다. 그러나 만약 한 사람만 '훔친 것'이라 적힌 공을 선택한다면 실제로는 그가 상금 전체를 훔치는 것이다. 또한, 만약 두 사람 모두 '훔친 것'이라 적힌 공을 선택한다면 두 사람은 모두 게임에서 아웃되고 만다.

이 프로그램은 죄수의 딜레마의 극치를 보여 주었는데 한동안 어떤 선수도 이런 딜레마에서 성공적으로 벗어날 수 없었다. 후에 닉 케리건이라는 선수만 이 딜레마를 성공적으로 깨뜨릴 수 있었다.

닉 케리건과 아브라함 헤셴이 마지막 결승전에 진출했을 때, 이전의 선수들처럼 헤셴은 케리건에게 자신은 '평등하게 나눈 것'이라 적힌 공을 선택할 테니 케리건 역시 그 공을 선택하라고 부탁했다. 그러나 생각지도 못하게 케리건은 강경한 태도를 보이며 자신은 '훔친 것'이라고 적힌 공을 선택할 것이라고 말했다. 동시에 그는 자신이 상금을 받으면, 프로그램이 끝난 후 다시 헤센에게 절반을 나누어 주겠다고 말했다.

유례없는 상황에 주최자와 관중들은 모두 매우 놀랐다. 헤센은 더욱 화가 나 케리건에게 뻔뻔하다고 욕했다. 그러나 케리건은 조금도 양보하지 않았다.

이렇게 헤센은 '훔친 것'이라 적힌 공을 선택해 두 사람 모두 상금을 받지 못하거나 '평등하게 나눈 것'이라 적힌 공을 선택해 케리건이 상금 모두를 가져가고 프로그램이 끝난 후 절반을 나누어 갖는 두 가지 선택 앞에 놓였다. 이러한 상황에서 헤센은 만일 케리건이 그의 말을 지킨다면 최소한 상금의 절반이나마 받을 수 있을 것이라는 생각으로 후자를 선택했다.

결과는 뜻밖이었다. 헤센은 당연히 '평등하게 나눈 것'이라 적힌 공을 선택했지만 케리건은 그가 이전에 보였던 강경한 태도와는 다르게 헤센과 같은 공을 선택한 것이다. 결국, 두 사람은 상금을 나누어 받았고 마침내 프로그램이 계획한 인간성의 딜레마를 깨뜨릴 수 있었다.

별난 심리연구소

'죄수의 딜레마'는 사실 인간성 속에 있는 극도의 이기심을 이용한 것이다. 하나의 게임 안에서 사람들은 어쩔 수 없이 최선의 해결책을 포기하고 차선책을 선택해 최악의 상황을 피하려 한다. 그러나 '죄수의 딜레마'를 깨뜨리는 방법 역시 매우 간단하다. 그것은 바로 반복적인 게임을 도입하는 것이다. 다시 말해, 이번 게임이 끝난 후 다음 게임에서 계속 다른 관계를 맺어 가는 것이다.

누워만 있어도 배가 부른
작은 돼지의 편승 작전

돼지 게임

'돼지 게임Boxed pig game'은 경제학 게임 이론 중 중요한 하나의 개념으로 미국의 유명한 수학자 존 내쉬John Nash가 1950년에 처음 제기하였다.

그는 돼지우리가 있다고 가정하고, 한쪽에는 돼지 먹이통을, 다른 한쪽에는 돼지 먹이 공급을 제어하는 버튼을 설치했다. 버튼을 한 번 밟으면 10개로 나누어진 통에 돼지 먹이가 공급되었다. 돼지우리 안에는 크고 작은 돼지 두 마리가 있었는데 큰 돼지는 최대 9통의 먹이를 먹을 수 있었고, 작은 돼지는 최대 4통의 먹이를 먹을 수 있었다. 어느 돼지든 뛰어가서 단추를 밟았을 때 각자 2통 이상의 먹이를 먹어야만 체력을 보충할 수 있다.

그런데 여기 한 가지 문제가 있다. 과연 누가 버튼을 밟으러 가야할까? 만약 작은 돼지가 버튼을 밟으러 가면 큰 돼지는 먼저 9통의 먹이를 먹을 수 있다. 그러면 작은 돼지는 남아 있는 한 통의 먹이만 먹을 수 있다. 반면에 큰 돼지가 버튼을 밟으러 가면 작은 돼지는 먼저 4개의 통에 든 먹이를 먹을 수 있고 큰 돼지는 남아 있는 6통의 먹이만 먹을 수 있다.

큰 돼지로서는 두 가지 선택권이 있다. 하나는 자신이 버튼을 밟고 6통의 먹이를 먹는 것이고 다른 하나는 작은 돼지가 버튼을 밟고 오기를 기다리면서 9통의 먹이를 먹는 것이다. 또한, 작은 돼지역시 두 가지의 선택권이 있다. 하나는 큰 돼지를 기다리면서 4통의 먹이를 먹는 것이고 다른 하나는 자신이 버튼을 밟고 한 통의 먹이를 먹는 것이다. 그러나 2통의 먹이를 먹어야만 체력을 보충할 수 있는 작은 돼지 입장에서 두 번째 선택은 절대 있을 수 없는 선택이다. 만약 작은 돼지가 버튼을 밟으러 갔다가 겨우 한 통의 먹이만 먹게 된다면 굶어 죽을 수도 있기 때문이다. 그러므로 작은 돼지에게는 버튼을 밟으러 가지 않는 한 가지 선택만 남는다. 자연스레 큰 돼지 입상에서도 자신이 버튼을 밟은 후 나머지 6통의 먹이를 먹는 한 가지의 선택만 남는다.

언뜻 보면 양방향의 선택처럼 보이지만, 사실 이것은 일방적인

선택이다. 큰 돼지와 작은 돼지의 슬기로운 싸움은 결국 작은 돼지
는 경쟁에 참여하지 않고, 큰 돼지만 경쟁에 참여하며 모든 돼지가
먹고 마시는 것으로 끝난다.

 '돼지 게임'이 우리에게 말하는 것은 경쟁의 약자(작은 돼지)는 반
드시 경쟁 전략을(선택 보류) 연구하고 적절한 시기를 기다리며 힘을
비축해야 한다는 것이다. 기업 경쟁에서도 똑같은 이치가 적용된
다. 대기업은 경쟁의 강자(큰 돼지)고, 작은 기업은 경쟁의 약자(작은
돼지)가 된다. 치열한 기업 경쟁에서 작은 기업이 생존하기 위해서
는 '돼지 게임'의 작은 돼지처럼 기다리는 것을 배워야 한다. 이렇
게 '작은 돼지는 누워서 기다리고 큰 돼지가 버튼을 밟으러 뛰어가
는 현상'은 경제학에서 구체적으로 형상화되어 '편승'이라고 불리
기 시작했다.
 이와 관련된 '편승 이론'은 미국의 경제학자 맨커 올슨Mancur Olson
이 처음 제기했는데, 기본적인 의미는 작은 돼지처럼 비용을 지불
하지 않고 그저 편히 앉아서 다른 사람의 이익을 누린다는 것이다.
전형적인 예로 '시장 추종자'를 들 수 있다. 어떤 대기업이 막대한
투자비용을 들여 비즈니스 모델을 찾으면 곧바로 몇몇 작은 기업들
은 똑같이 흉내 내며 그 기업을 따라간다. 마치 작은 돼지가 편승한
것처럼 작은 기업들은 초기 연구 개발 투자금을 절약하는 동시에

대기업이 개척해 둔 안정적인 시장을 마음껏 누리게 된다.

비즈니스 역사상, 큰 돼지가 나무를 심고 작은 돼지는 그저 바람을 쐬는 이런 사례는 비일비재하다. IBM은 개인용 컴퓨터 시장을 개발했지만, 오히려 애플의 그래픽 운영체제에 그 명성을 빼앗겼다. 넷스케이프는 완벽한 브라우저를 만들었지만, 마이크로소프트의 끼워팔기 전략에 묻히고 말았다. 또한, 애플과 마이크로소프트 역시 지금은 큰 돼지가 되어 스마트폰과 애플리케이션 시스템 시장을 개척해 냈지만, 마찬가지로 수많은 작은 돼지들이 그들의 우위를 호시탐탐 넘보고 있다.

그러나 선구자는 늘 나무를 심어야 하고 이야기 속의 큰 돼지처럼 직접 버튼을 눌러 먹이를 먹어야 한다. 직접 버튼을 누르지 않으면 결국 굶어 죽기 때문이다. 돼지 게임에서 큰 돼지는 작은 돼지가 자신에게 주어진 몫 이상을 차지하는 것을 막아야 한다. 결국, 최대한 많이 일해서 많은 걸 얻을 수 있는 유일한 방법은 우위를 차지하는 것이다. 즉, 작은 돼지가 먼저 반응하기 전에 빠르게 시장에서 독점적 위치를 차지해야 한다.

록펠러 그룹이 미국 석유산업을 독점한 과정은 바로 돼지 게임에 대한 강력한 저항을 보여 준다.

19세기 말, 경제 위기의 영향으로 미국 철도 화물차의 운송량은 끊임없이 하락했다. 이때 지독한 석유산업 경쟁으로 위기에 빠져 있던 록펠러 그룹은 한 가지 방안을 제시했다. 그는 각 철도 회사들과 주요 정유사들이 연합하여 석유 유통 문제를 공동으로 해결하자고 호소했고, 이를 위해 '스탠더드 오일' 회사를 설립해 철도 회사와 결합하여 석유 수송망을 장악했다. 그 회사의 제휴사는 배럴당 24센트씩 할인된 가격으로 석유를 구입할 수 있었고, 비회원의 운송비는 훨씬 높았다. 차별적 운송요금으로 경쟁 업체들을 무너뜨린 것이다. 이렇게 되자 그의 경쟁사에게는 '스탠더드 오일'에 합병되든 운임할인제의 압박으로 파산하든 두 가지 선택만 남았다. 그 결과 5년 후, 록펠러가 이끄는 스탠더드 오일 회사는 미국 전체 석유 시장의 95%를 독점할 수 있었다.

우리가 종종 말하는 후발 우위는 돼지 게임을 잘 보여 주는 예시 중 하나다. 이와 동시에 우리가 이야기하는 선제공격에서의 목적은 작은 돼지가 '편승'하여 얻는 이익을 최소화하는 것이다. 록펠러는 자진해서 '큰 돼지'가 되어 벼락치기처럼 빠르게 시장 독점을 실현했다. 이것은 큰 돼지의 이익 극대화를 구체적으로 드러낸 것이다.

'돼지 게임'에서 큰 돼지는 많이 일하고 많이 얻지만, 작은 돼지가 적게 일한다고 해서 반드시 적게 받는 현상은 없다. 큰 돼지와 작은 돼지 사이의 이익이 어떻게 분배되는지는 결국 양쪽의 실력과 승부에 달려 있다.

코카콜라와 펩시의 전쟁에
제3자가 등장하지 않는 이유

사격수 게임

세 명의 사격수가 있었다. 그런데 그들 사이의 원한이 너무 깊어 화해가 어려운 상황이었고 결국 싸움에 이르렀다.

이 세 사람 중 갑의 사격 기술이 가장 뛰어나 10발 중 8발을 맞췄고, 을의 사격 기술은 보통으로 10발 중 6발을 맞췄다. 마지막으로 병의 사격 기술은 가장 떨어져 10발 중 4발만 맞췄다. 만약 세 사람이 동시에 총을 쏘는데 한 사람당 한 발만 쏘도록 허락한다면 과연 누가 살아남을 확률이 높을까?

성급히 결론 내리지 말고 먼저 우리는 사격수 각각의 최선책을 생각해 보자. 갑의 입장에서 가장 좋은 방법은 당연히 사격술이 자신보다 못한 을을 먼저 죽이는 것이다. 그러나 갑이 한 것처럼, 만약 을이 병을 먼저 제거하면 그는 반드시 갑에게 죽임을 당할 수밖에 없다. 그러므로 을의 최선책은 자신에게 가장 위협적인 갑을 먼저 제거하고 그 후 쉽게 병을 죽이는 것이다.

병의 입장에서 보면 그의 최선책은 먼저 갑을 제거하는 것이다. 갑의 위협이 을보다 크기 때문이다. 결국 이 대결에서 가장 먼저 죽게 되는 사람은 사격술이 가장 좋은 갑이며, 사격술이 가장 떨어진 병이 살아남을 확률이 오히려 가장 높다.

이것이 바로 유명한 '사격수 게임'이다. 갑, 을, 병 모두 서로의 사격 수준을 아는 상황에서 사격 대결의 승부수는 의외로 사격술의 좋고 나쁨에 비례하지 않는다. 사격술이 가장 안 좋은 병의 생존 확률이 가장 높기 때문이다.

여러 명이 참가하는 대결에서 승리의 여부는 단순히 참가자의 실력에 달려 있지 않다는 것을 알 수 있다. 즉, 사격수 병과 을이 실질적으로 연맹 관계를 맺어 손을 잡아야만 생존의 희망이 생기는 것이다.

우리가 쉽게 이해할 수 있는 이치는 바로 가장 큰 위협을 먼저 제거해야 한다는 것이다. 서로 손을 잡고 가장 큰 위협을 제거하면 그들의 생존 확률은 높아진다. 경쟁 상대와 협력하여 다수의 대결에서 약자가 강자를 이기는 것은 산업 경쟁에서도 많이 쓰이는 책략이다.

펩시콜라와 코카콜라 두 회사 간의 게임은 '사격수 게임'의 아주 좋은 예시다. 음료 소비 시장에서 그들은 물과 불처럼 공존할 수 없는 경쟁 상대다. 서로 간의 치열한 경쟁은 잠시도 멈춘 적이 없다. 일단 한쪽에 변고가 생기면 다른 한쪽은 불난 틈을 타서 상대의 시장 점유율을 침범한다. 그러나 이상한 것은 여러 해 동안 두 회사 모두 큰 이익을 냈음에도 불구하고 지금까지 음료 시장에 제삼자가 등장하지 않았다는 것이다.

이것은 전체 음료 시장에서 코카콜라와 펩시콜라 두 거대한 회사가 사격수 을과 병 사이의 동맹처럼 줄곧 일종의 협력 경쟁 관계를 형성했기 때문이다. 만약 탄산음료 시장에 뛰어들고 싶은 기업이 있다면 그들은 이심전심으로 공세를 펼쳐 제삼자를 스스로 물러나게 만들거나 철저하게 패배시킨다. 두 거대한 회사는 서로 수차례 충돌을 일으키면서도, 한 번도 서로에게 해가 되는 상황을 만든 적은 없다. 또한, 두 회사가 진짜 대비하는 상대는 지금까지 나타나지 않은 사격수 갑이다.

다수의 대결에서 각자의 생사만 생각하는 것은 유일한 해결 방법이 아니다. 또한, 적을 물리치고 승리하는 요인 역시 실력에만 국한되지 않는다. 협력할 줄 아는 것, 특히 실력을 비교하여 잠재적인 협력 동맹을 맺는 것이 때로는 진정한 승리의 길이 되기도 한다.

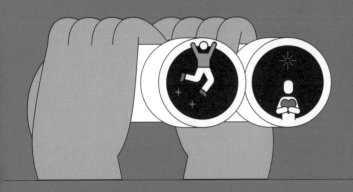

PART 9

반감을 넘어
설득을 만나다

적군이 건넨
빵 한 조각의 호의

호혜의 법칙

코넬대학교의 심리학 교수 데니스 레건$^{Dennis Regan}$은 한 가지 재미있는 실험을 진행한 적이 있다.

먼저 레건 교수는 피실험자들을 모집해 몇 개의 그림에 평가를 매기는 미술 감상 실험을 진행했다. 이 실험은 미술 감상이 목적이 아니라 '호혜의 법칙'을 알아보는 것이었다. 이때 레건의 조수인 조 역시 피실험자 무리에 들어갔고 모든 피실험자에게 말을 걸며 친한 척을 했다.

첫 번째 실험에서 일부 피실험자가 그림에 대해 점수를 매길 때 조는 잠시 나가 음료수를 가지고 돌아왔다. 그는 음료수를 피실험자들에게 주었다. 그러나 조는 다른 피실험자 일부가 그림에 대해 점수를 매길 때는 어떤 행동도 하지 않았다.

두 번째 실험도 같은 내용이지만 이번에는 음료수를 건네지 않았다.

첫 번째와 두 번째 실험에 지원한 모든 피실험자가 그림에 대한 평가를 마친 후, 실험 담당자가 잠시 방을 나갔다. 이때 조는 앞으로 나가 피실험자들에게 그가 새로운 복권을 판매하는데 복권을 가장 많이 팔면 회사에서 50달러의 상금을 받을 수 있다고 말했다. 조는 피실험자들에게 한 번만 도와 달라고 부탁하며 몇 장의 복권을 팔았다.

사실 이렇게 두 가지 상황을 비교하여 피실험자들이 조에게 구입한 복권의 수량을 파악하는 것이 실험의 진짜 목표였다. 실험 결과, 조가 음료수를 건넨 첫 번째 실험의 피실험자들이 구매한 복권은 음료수를 받지 않은 두 번째 실험의 피실험자들보다 훨씬 많았다.

이후 레건 교수는 유명한 '호혜의 법칙'의 개념을 제기했다. 그는 이에 대해 작은 호의를 베풀면 사람들은 보답하고자 하는 심리가 발생한다는 것이다. 또한, 신세를 지면 갚아야 한다는 심리는 사람들이 평소 거절할 수도 있는 요구도 쉽게 받아들이게 만든다고 생각했다.

이 밖에 더욱 흥미로운 결과가 나왔다. 레건 교수는 실험을 끝내기 전 조에 대한 선호도를 분석하기 위해 피실험자들에게 양식을 작성하게 했다. 그 결과, 조에게 음료수를 받지 못한 두 번째 실험의 피실험자들이 복권을 구입하고자 하는 소망은 조에 대한 선호도와 비례했다. 그러나 음료수를 받은 첫 번째 실험 피실험자들은 그들과 반대였다. 다시 말해 조에 대한 선호도와 상관없이 첫 번째 실험의 피실험자들은 모두 복권 구매에 대한 강한 소망을 보였다.

일반적으로 우리는 친구나 우리가 좋아하는 사람의 요구를 더욱 들어주고 싶어 한다고 생각한다. 그러나 '호혜의 법칙'은 이 상식을 부정했다.

레건 교수의 실험은 사람들이 타인에게 작은 호의를 받아 갚고자 하는 마음이 생기면 설령 그 사람이 자신이 싫어했던 사람이라도 '나는 반드시 그를 위해 무언가 해야 해'라는 강렬한 보답 심리가 생긴다는 것을 보여 주었다.

이처럼 은혜를 받은 후 반드시 갚고자 하는 심리를 '호혜 심리'라고 하는데 이는 인류 사회 초기에 형성된 본능에서 비롯된 것이다. 고고학자인 리처드 리키Richard Leakey는 일찍이 그의 연구에서 인류가 서로 관계를 만들어 나간 것은 바로 이런 호혜적 체계 때문이라고 말했다. 또한, '공평하게 보답하는 시스템 속에서 우리 선조들은 음식과 솜씨를 함께 나눈 것'이라고 말했다.

바로 이러한 본능은 우리가 일단 다른 사람에게 호의를 받으면 곧바로 갚아야 하는 압박을 느끼게 하기도 한다. 이때 우리는 우리가 받은 것보다 훨씬 더 많은 것을 보답함으로써 스스로 심리적 중압감에서 벗어나기도 한다.

호혜는 일종의 본능이기 때문에 개인의 성향에 좌우되지 않는다. 또한, 낯선 사람 혹은 우리가 싫어했던 사람에게 더 강하게 작용하기도 한다. 만약 상대에게 먼저 작은 은혜를 베푼 후 자신의 요구사항을 말한다면 상대가 요구를 거절할 가능성은 작아진다.

제1차 세계대전 중 연합국과 동맹국은 기나긴 참호전에 빠졌다. 그들은 교전 지역을 지나가기 전 정찰병을 파견해 서로를 정찰했다.

어느 날, 독일군 정찰병 한스는 능숙하게 영국군 연합군의 참호로 잠입했다. 그때 혼자 떨어져 빵을 먹고 있던 영국 병사가 완전무장한 한스를 맞닥뜨렸다. 그런데 그는 아무런 경계 없이 본능적으로 한스에게 빵 한 쪽을 건넸다. 한스 역시 극도로 긴장한 상태였지만 영국 병사가 건넨 빵 한 쪽을 보고는 본능적으로 건네받았다. 그 후 두 사람은 비로소 이곳이 생사가 갈리는 전쟁 지역이고 자신이 만난 사람은 잔인한 적군이라는 사실을 깨달았다.

영국 병사는 미처 총을 들지도 못한 채 한스에게 무기를 빼앗겼다. 그러나 한스는 그를 포박하지 않고 그냥 놔준 후 돌아서서 자신의 진지로 돌아갔다. 이것은 바로 한스가 이미 자신도 모르는 사이에 '호혜의 법칙'을 받았기 때문이다. 비록 적이라도 상대가 준 빵을 받았을 때 보답하고자 하는 심리가 생긴 것이다.

이것이 바로 호혜가 갖는 힘이다.

별난 심리연구소

호혜의 힘은 대단하다. 눈앞의 적군도 해치지 못할 정도로 자비를 베풀 아량이 생기기 때문이다. 만약 남에게 바라는 바가 있다면 먼저 그에게 은혜를 베풀어라. 상대가 은혜를 받으면 다음 설득에는 더 이상 힘을 쓸 필요가 없다.

나 자신을 설득하면
설득 못 할 것이 없다

대답 일관성의 원리

심리학자인 토머스 모리아티Thomas Moriarty는 경마장의 도박꾼에게서 재미있는 현상을 발견했다. 한 도박꾼이 자신이 고른 말에 판돈을 걸면 그는 곧 이 말에 대해 자신감을 가지며 '이 말은 틀림없이 모든 말 중 최고일 것'이라고 굳게 믿게 된다는 것이다. 이처럼 모리아티는 우리가 어떤 결정 혹은 선택을 하면 자신이 내린 결정 혹은 선택을 합리화하고, 그에 부합하도록 스스로에게 강요한다고 생각했다.

이를 증명하기 위해 모리아티는 한 가지 실험을 계획했다. 그는 바닷가에서 무작위로 20명의 관광객을 고른 후 한 연구원을 도둑으로 위장시켜 바닷가로 내보냈다. 그러고는 그가 선택한 관광객 앞에서 자고 있는 또 다른 관광객의 지갑을 하나씩 훔쳐 가도록 했다. (물론 잠자는 관광객 역시 연구원이었다) 그 결과 20명의 관광객 중 단지 4명만 용감하게 도둑을 제지했다.

이어서 모리아티는 실험 내용을 조금 바꾸어 다시 진행했다. 피해 관광객으로 가장한 연구원은 잠들기 전 피실험자에게 자신의 지갑을 살펴 달라고 간단하게 부탁했다. 피실험자가 이에 대해 승낙한 후 '도둑'이 등장했다. 이번엔 20명의 피실험자 중 19명이 용감하게 '도둑'의 절도 행위를 제지했다.

이에 따라 모리아티는 우리가 한 가지 결정(승낙) 후 취하는 행동은 자신도 모르게 기존의 약속에 따라 진행한다는 것을 발견했고, 이를 '대답 일관성의 원리'라고 부르기 시작했다.

대답 일관성의 원리가 일어나는 중요 요인은 사람의 본성이 아니라 어떠한 사회 심리적 규범에서 나온다는 것이다. 통상적인 가치관으로 보면 한 사람이 자신의 관점을 지키지 못하면 사람들은 그를 겉과 속이 다른 사람이라 생각한다. 따라서 우리가 어떤 결정을 한 후 그 전 약속에 집착하는 행동은 간단하면서 기계적인 사회생활의 지름길인 것이다.

일상생활에서 대답 일관성의 원리는 사람을 설득하는 직업을 가진 사람들에 의해 종종 이용되기도 한다. 그들은 가장 먼저 우리를 유인하여 어떤 행동을 취하게 하거나 혹은 어떤 일에 대하여 견해를 밝히게 한다. 그 후 다시 과거와 똑같은 압력을 이용하여 우리가 그들의 요구에 굴복하게 만든다.

미국 『브리태니커 백과사전』 판매원은 종종 이러한 심리 법칙을 이용한다. 다른 책들과 달리 『브리태니커 백과사전』은 직판으로 판매된다. 즉, 판매원이 직접 방문하여 판매하는 방식이다. 그러나 판매회사는 충동적인 소비가 가져오는 부정적인 영향을 피하고자 한 가지 규정을 만들었다. 바로 고객이 책을 구매한 후 15일간 '숙려 기간'을 주고 이 기한 안에는 무조건 반품할 수 있게 했다.

통상적으로 '숙려 기간' 내의 반품률은 70%에 다다랐다. 이는 판매원이 떠난 후 충동적으로 책을 구매한 고객들이 다시 냉정함을 되찾으며 이 방대한 책이 자신에게 쓸모없다는 것을 깨닫기 때문이다. 그러나 우수 판매원들의 반품률은 25%밖에 되지 않았다.

그들은 어떻게 고객이 반품하지 않도록 설득한 걸까? 이유는 바로 여기 있다. 그들은 물건을 구매하도록 고객을 설득하는 것뿐만 아니라 동시에 고객 스스로가 자신을 설득하게 했다.

이 판매원들은 고객이 책을 구매하기 전 그들에게 세 가지 질문을 했다.

"이 책을 사는 것을 확신하십니까?"

"이성적으로 이 책을 구매한다고 확신하십니까?"

"구매 후 후회하지 않을 거라고 확신하십니까?"

또한, 그들은 고객에게 이 세 가지 질문을 두 번씩 건넸다. 고객이 연이어 두 번씩 '확신'한다고 답한 후에야 그들은 비로소 책을 판매했다. 그 후 위와 같이 약속했던 고객들의 반품률은 매우 낮을 수밖에 없었다.

이 판매원들이 사용한 방법은 '대답 일관성의 원리'에 기반한 것이다. 그들은 고객 스스로가 약속하게 했고 고객 스스로가 자신을 설득하도록 만들었다. 또한, 스스로 『브리태니커 백과사전』이 필요한 이유를 찾게 했다. 고객은 반드시 스스로 한 약속과 자신의 행동을 일치시켜야 하기 때문이다.

다른 사람에게 자신의 잘못이나 허점을 보이고 싶은 사람은 없다. 따라서 우리는 어떠한 약속을 할 때, 이를 지키기 위해 여러 가지 조치를 하게 된다. 예를 들어 우리가 많은 사람 앞에서 담배를 끊겠다고 약속하면 모든 사람이 우리를 보고 있다는 것을 알기 때문에 그들에게 '신용 없는 사람'으로 낙인찍히기를 원하지 않는다. 이때 우리는 강한 의지력을 폭발시키게 되고 이로써 금연을 유지할 수 있다. 설령 담배 중독으로 인한 금단현상이 아주 고통스럽더라도 처음의 약속을 어기지 않기 위해 열심히 스스로를 통제하게 된다. 반대로 만약 우리가 혼자서 조용히 금연하겠다고 결심하면 우리의 금연은 십중팔구 실패한다. 우리는 다른 사람에게 약속하지 않았고 무엇인가를 지킬 필요도 없기 때문이다.

별난 심리연구소

제일 좋은 설득의 기술은 설득하는 과정 그 자체가 아니다. 상대방이 스스로 약속하도록 유인하는 방법을 생각하고, 자기 스스로 설득하게 만드는 것이 진정한 설득의 기술이다.

한 발짝씩
상대의 마음속으로 들어가라

문간에 발 들여놓기 효과

'문간에 발 들여놓기 효과'는 누군가 타인의 작은 요구를 받아들이면 인지적 부조화를 피하고자 혹은 타인에게 일치된 인상을 남기기 위해 더 큰 요구도 받아들이게 되는 것을 말한다. 문지방을 오를 때 계단을 하나씩 하나씩 밟아야 하는 것처럼 이렇게 하면 더 쉽고, 더 합리적으로 높은 곳에 오를 수 있다는 것을 보여 준다.

이 효과는 미국의 사회심리학자 프리드먼과 프레이저Freedman & Fraser가 1966년 진행한 '압박 없는 굴복·문지방 기술'의 현장 실험 중 처음 제기되었다.

실험 과정은 다음과 같다. 먼저, 연구원들은 무작위로 가정주부들을 방문하여 안전 운전을 호소하는 탄원서에 서명하는 것을 도와 달라고 부탁한다. 이는 사회 공익을 위한 일이었고 서명만 하면 되는 간단한 일이었다. 따라서 '아주 바쁘다'는 핑계를 대며 거절한 몇몇을 제외하고 대부분 가정주부는 기꺼이 탄원서에 서명했다.

2주 후 프리드먼은 다른 연구원들을 보내 다시 가정주부들을 방문했다. 그러나 이번 방문은 지난번 실험에서 서명한 가정주부들과는 전혀 관련 없는 사람들로 뽑아서 두 그룹으로 대상을 나눴다.

이번에 연구원들은 가정주부들에게 안전 운전을 호소하는 큰 간판을 그들의 정원 잔디밭에 세워 달라고 부탁했다. 이 간판은 아주 크고 거추장스러웠고 주위 환경과 어울리지 않았다. 일반적인 경험에 따라 가정주부들은 이 지나친 요구를 거절할 가능성이 커 보였다.

예상대로 두 번째 그룹(첫 번째 실험에 참여하지 않은)의 가정주부 중 83%의 사람들은 이 요구를 거절했다. 그러나 첫 번째 그룹의 가정주부(첫 번째 실험에 참여해 탄원서에 서명한) 중에서는 45%의 사람들만이 이 요구를 거절했다. 이는 첫 번째 그룹보다 훨씬 낮은 수치였다.

이 실험 결과에 대해 심리학자들은 우리는 모두 타인에게 앞뒤가 일치되는 좋은 인상을 남기길 바란다고 말했다. 또한, 이러한 인상의 일치성을 보장하기 위해 때때로 이론적으로 해석하기 어려운 행동마저 한다고 해석했다. 예를 들어, 프리드먼의 실험 중 첫 번째 요구를 들어준(탄원서에 서명하는 것) 가정주부들은 자신이 '교통안전에 관심 있다는 것'을 지키기 위해 자신의 정원 안에 이상한 간판을 세우는 데 동의한 것이다.

'문간에 발 들여놓기 효과'는 대답 일관성의 원리에서 한층 더 나아간 것이라고 볼 수 있다. 그러나 한 걸음 더 나아가 추론해 보면, 한 사람이 타인의 작은 요구를 들어준 후 타인이 더 큰 요구를 하면 대답 일관성 원리의 영향으로 인해 더 큰 요구를 받아들이게 된다는 것을 알 수 있다.

일상생활에서도 문지방 효과의 적용은 광범위하다. 다른 사람이 작은 요구를 하면 우리는 냉정한 사람처럼 보이지 않으려고 거절하지 못할 때가 많다. 또한, 일단 이 요구를 들어주면 마치 문간을 넘어선 것처럼 그들은 더 큰 요구를 해온다.

비교적 전형적인 예시 한 가지를 들어보자. 옷가게 판매원들은 고객이 방문했을 때 옷을 소개하는 대신 옷을 한번 입어보라고 권유한다. 대부분 고객은 그 옷을 살 생각이 없어도 판매원의 권유에 따라 한번 입어보는 것도 괜찮겠다고 생각한다.

일단 고객이 이렇게 생각하기 시작하면, 그는 문지방 효과의 함정에 빠져들었다고 볼 수 있다. 즉, 판매원의 첫 번째 요구를 들어

줬기 때문에 다음 요청을 거절하려면 더 많은 애를 써야 한다. 그러면 결국 원래 살 계획이 없던 옷을 구매할 확률이 높아진다.

옷가게 판매원뿐만 아니라 일상생활에서도 '문간에 발 들여놓기 효과'는 자주 응용된다. 예를 들어, 한 남자가 마음속에 둔 여자를 쫓아다닐 때 '단번에 일을 끝내려' 평생 함께 살자고 말하지 않는다. 그는 먼저 '같이 영화 보자, 밥 먹자, 함께 놀러 가자'와 같은 작은 요구를 말하며 그 후 점점 친밀한 동반자가 되는 목적을 달성하고자 한다.

별난 심리연구소

'문간에 발 들여놓기 효과'는 인간관계에서 우리가 과한 요구를 해야 할 때 작은 요구를 먼저 말하는 것이 상대가 들어줄 가능성이 크다는 것을 잘 보여준다. 이 밖에도 우리가 어떤 일을 할 때 크고 달성하기 어려운 목표를 작고 쉽게 달성할 수 있는 세부 목표로 분해하면 마지막에 큰 목표를 달성할 수 있다. 이 또한 문간에 발 들여놓기의 효과를 활용한 것으로 볼 수 있다.

무리수를 던진 뒤
본심을 드러내는 기막힌 전술

문간에 머리 들여놓기 효과

인류의 심리는 오묘해서 때론 완전히 다른 두 가지 방법으로 하나의 목표를 달성하기도 한다.

'문간에 머리 들여놓기 효과'는 작은 요구를 통해 큰 요구를 들어주게 되는 '문간에 발 들여놓기 효과'와는 상반된 개념이다. 먼저 무리한 요구를 말하고 이어서 비교적 간단한 요구를 말하면 상대는 무리한 요구를 거절하는 대신 간단한 요구를 받아들인다는 것이다.

만약 우리가 처음부터 후텁지근한 집의 지붕을 날려 버리자고 요구하면 사람들은 말도 안되는 이야기라며 반발을 일으킬 것이다. 그러나 먼저 지붕을 치워 달라고 요구한 후 상대방이 당황할 때까지 기다렸다가 지붕은 놔두고 창문만 열자고 다시 요구한다면 두 번째 제안은 받아들여질 확률이 크게 높아진다. 이는 '문간에 머리 들여놓기 효과'를 '지붕 창 철거 효과'라고도 부르는 이유다.

'문간에 머리 들여놓기 효과'는 사실 두 가지 심리학 현상이 종합적으로 이용된다. 먼저 하나는 보상 심리다. 누구에게나 '거절'이 주는 심리적 압박은 '동의'할 때보다 크다. 따라서 다른 사람의 요구를 거절하는 것은 쉬운 일이 아니고 거절하면 양심의 가책을 느끼기도 한다. 이때 사람들은 큰일은 거절했지만 작거나 쉬운 요청은 들어줌으로써 죄책감의 균형을 잡고 싶어 한다. 이것을 '보상 심리'라고 한다.

'지붕 창 철거 효과'는 '닻 내리는 효과'와도 연결된다. '지붕 창' 이야기를 예로 들자면 우리가 먼저 지붕을 치워 달라고 요구했을 때 이는 상대방의 잠재의식 속에 닻을 내린 것이나 다름없다. 바로 지붕을 걷어 내는 것은 더 이상 참을 수 없는 마지노선을 뜻한다. 그렇다면 창문 하나만 여는 두 번째 요구는 이 마지노선보다 나은 셈이니 상의해 볼 여지가 생긴다. 처음 닻을 내린 지점이 상대의 마지노선과 인내심을 끌어올렸기 때문에 상대 역시 평소라면 받아들일 수 없던 두 번째 요구는 쉽게 받아들이는 상태가 된다.

애리조나주립대학교의 유명한 심리학 교수인 로버트 치알디니

Robert Cialdini가 진행한 실험 하나를 살펴보자.

그는 먼저 청년자문계획 부서의 직원으로 가장하여 대학교 캠퍼스로 갔고 한 가지 캠페인을 주최한다고 말했다. 이 캠페인은 대학생 자원봉사자들을 모집하여 다양한 나이의 어린 소년범들을 데리고 동물원을 함께 구경하자는 것이었다. 어떤 보수도 제공되지 않는 캠페인이었다. 그 후 치알디니는 학생들에게 이 캠페인에 흥미가 있는지 하나하나 물어보았다. 아무런 매력 없는 이 활동에 참여하고 싶은 사람은 당연히 없었고, 83%의 학생들이 이 요구를 거절했다.

곧이어 치알디니는 다시 다른 대학교로 갔다. 그러나 이번엔 전략을 바꿔 자신이 주최한 캠페인에서 심리 상담 피실험자를 모집한다고 말했다. 또한, 최소 2년 동안 피실험자들은 매주 2시간씩 어린 소년범들을 위해 컨설팅 서비스를 제공해야 한다고 설명했다. 당연히 대부분 사람은 이 캠페인에 참여하는 것을 거절했다.

그리고 곧바로 치알디니는 또 하나의 캠페인을 다시 제시했다. 소년범을 데리고 하루 동안만 동물원을 구경하는 것이라고 했다. 이번 동물원 견학 캠페인은 대안의 형태로 요구했기 때문에 성공률은 전보다 현저하게 높았다. 46%의 학생들이 이 캠페인에 참여하겠다고 말했다.

치알디니의 실험은 '문간에 머리 들여놓기 효과'를 완벽히 해석했다. 소년범들을 위한 심리 지도는 그 자체로 매우 가치 있는 사회 공익 프로젝트이기 때문에 대학생들의 관점에서 보면 캠페인을 거절하는 것이 스스로 사회적 책임을 거절하는 것처럼 느껴졌다. 비록 그들이 이 캠페인에 참여하고 싶지 않더라도 심리적으로 양심의 가책과 불안감을 느꼈기 때문에 피할 수 없었다.

이와 마찬가지로 치알디니의 요구는 대학생들의 마음속에 하나의 닻을 내려 '소년범들에게 2년의 시간을 쓰는 것만 아니면 다른 일은 그렇게 어렵지 않아.'라고 생각하게 만들었다. 이렇게 두 가지 심리적 충돌로 그들은 소년범들을 데리고 동물원을 구경하는 것쯤은 어려운 일이 아니라고 생각하게 된 것이다.

별난 심리연구소

'문간에 머리 들여놓기 효과'는 우리 생활 중 광범위하게 적용되지만, 이 또한 양날의 검이 될 수 있다. 긍정적으로 사용하면 의사소통과 교류를 가능하게 하고 적은 노력으로 큰 효과를 거둘 수 있지만, 잘못 사용하면 좋은 일을 한다는 명목하에 높은 도덕적 잣대로 다른 사람을 비판하게 될 수도 있다. 또한, 설령 상대방이 '보상 심리'로 불합리한 요구에 동의했다 하더라도 심리적 반감은 피할 수 없다.

로미오와 줄리엣
사랑의 동력은 반감?

금지된 과일 효과

구소련의 심리학자 플라토노프Andrei Platonovich Platonov는 그의 저서 『취미 심리학』의 서문에서 특별히 독자에게 '8장의 다섯 번째 줄은 읽지 말라'고 경고했다. 그러나 재미있는 사실은 대부분 독자는 작가의 경고와는 반대로 가장 먼저 8장의 다섯 번째 줄부터 읽었다는 것이다. 플라토노프가 이렇게 책에서 사소한 농담을 던진 것은 심리학상 흥미 있는 현상인 '금지된 과일 효과'를 상세히 설명하기 위해서였다.

보통 사람들은 '금지된 과일일수록 더 달다'고 생각하는데, 이는 어떤 정보를 숨겨 다른 사람이 알지 못하게 할수록 사람들은 갖가지 방법을 동원해 그것을 알고 싶어 한다는 심리와 같다. 즉, 금지된 일일수록 사람들은 일어날 수 있는 모든 결과를 생각하지 않고 금지령을 깨뜨린다. 이러한 일방적인 금지와 은폐로 인해 일이 뜻대로 되지 않는 현상을 심리학에서는 '금지된 과일 효과Forbidden fruit effect'라고 부른다.

셰익스피어의 희곡 『로미오와 줄리엣』에서 몬터규 가문의 로미오와 캐풀렛 가문의 줄리엣은 첫눈에 반한다. 그러나 두 가문은 대대로 내려오는 원수지간이어서 그들의 사랑은 가문의 단호한 반대에 부딪힌다. 로미오와 줄리엣이 함께할 수 있는 방법은 없었고 결국 이루지 못한 사랑 때문에 그들은 죽음을 맞는다.

이 희곡은 매우 감동적인 이야기지만 심리학자들은 여기서 한 가지 문제를 발견했다. 두 사람은 왜 이렇게 격렬한 사랑에 빠져 죽음도 불사르며 가문의 간섭에 반항하게 된 것일까?

그 답은 뜻밖에도 두 가문의 반대가 두 젊은이의 '금지된 과일 심리'를 불러일으켜 로미오와 줄리엣의 사랑을 더 견고하게 만들었기 때문이다. 이 이야기는 '금지된 과일 효과'를 완벽히 해석했고, 사람들은 이 효과를 '로미오와 줄리엣 효과'라고도 부르기 시작했다.

금지된 과일 효과는 두 가지 심리를 기반으로 한다. 하나는 '반항심'이고 다른 하나는 '호기심'이다. 사람들은 자신이 이해할 수 없는 일에 대해 호기심을 갖는 경향이 있다. 또한, 반항심은 사람들이 속박에서 벗어나 자유로움을 추구하는 마음에 근거한다. 이 두 가지 심리는 인류가 태어날 때부터 가진 본능이다. 따라서 사람들은 금지된 일을 만나면 먼저 호기심을 갖고 '이 일이 왜 금지되었을까?', '진짜 우리에게 위험한 일이 맞을까?'라고 생각한다. 만약 이 호기심이 충족되지 않는다면 사람들은 반항심을 품고 '금지'된 맛을 직접 체험해 보려고 한다.

이외에도 '금지된 과일 효과'가 가져오는 또 다른 부작용이 있다. 금지 행위 자체는 원래 그 일에 관심이 없던 사람들에게까지 반항심과 호기심을 불러일으켜 '금지된 과일'을 맛보게 만든다는 것이다. 이러한 예시는 우리의 생활에서 비일비재하게 볼 수 있다.

유럽 역사에서는 오랜 기간 오스카 와일드, 데이비드 허버트 로렌스, 장 폴 사르트르 등의 작품을 금서로 분류했다. 그러나 결과적으로 보면 이 작가들의 작품은 사라지지 않았고 오히려 그들의 명성은 나날이 커져갔다. 원래 이 작가들을 몰랐던 많은 사람들조차도 몰래 이 초본을 퍼뜨리기 시작했다. 당국의 금지 수단이 엄격해질수록 이 책들은 사람들에게 더욱 추앙받았다.

이처럼 금지는 어떠한 작용도 하지 못하고 오히려 뜻대로 되지 않을 때가 많다. 따라서 가로막는 것보다 소통하는 게 낫고, 금지할 수 없는 것과 크게 금지할 필요가 없는 것들에 대해서는 금지를 없애는 것이 의외의 효과를 가져올 수 있다. 예를 들어 미국 헌정 역사상 한 획을 그은 '텍사스 존슨 사건'은 이 관점을 잘 설명한다.

1984년 8월, 공화당의 대기업 편들기 정책에 항의하기 위해 그레고리 리 존슨은 텍사스주 댈러스에 있는 정부청사 입구에서 성조기를 불태웠다. 당시 많은 방관자가 현장에 있었는데 열광적인 시위자들 앞에서 그들은 속으로만 매우 분노할 뿐 아무런 말도 못 하고 있었다. 그 후 경찰은 존슨을 체포해 '신성모독'이라는 이름으로 징역 1년을 선고했고 2천 달러의 벌금을 부과했다.

존슨은 이에 굴복하지 않고 곧 사건을 텍사스의 형사 항소 법원에 상소했다. 댈러스 지방 검찰관의 예상과는 달리 항소 법원은 결정된 죄를 다시 번복했다. 또한, 그의 행동이 자신의 관점을 표현하는 일종의 '상징적인 발언'이라는 이유로 헌법 제1항의 개정안 '표현의 자유 조항'의 보호를 받을 수 있다고 인정했다. 즉, 존슨이 국기를 불태우는 행동은 무죄일 뿐만 아니라 텍사스주에서 국기 훼손을 금지한 주법 역시 위헌이라는 것이다. 그러나 텍사스주의 항소법원은 텍사스주의 주법이 위헌이라고 선언할 권리가 없었다. 따라서 안건은 다시 연방최고법원으로 넘어갔다.

5년 후, 연방최고법원은 심사를 개정했다. 당시 대법관 켄트가 결정적인 한 표를 던진 결과 존슨은 무죄 판결을 받았다.

이 판결은 당시 큰 파문을 일으켰다. 많은 사람은 성조기가 틀림없이 또다시 이런 재난을 겪을 것이며 국기를 불태운 행동이 무죄를 받은 이상 많은 사람이 국기를 불태우는 쾌감을 느끼고 싶어 하리라고 예측했다. 그러나 모두의 예상과는 달리 이 사건이 판결된 후 미국 내에서 국기를 불태운 사건은 일어나지 않았다. 대부분 사람은 국기를 불태우는 것이 합법적이라도 그것을 불태우는 게 무슨 의미가 있을까 생각한 것이다. 한마디로 많은 사람이 금기되지 않은 일에 관해서는 빠르게 흥미를 잃어간다.

별난 심리연구소

우리 행동의 원시적인 동기는 대부분 일종의 '금지 효과'에 불과하다. 하지 말라고 하면 더 하고 싶은 욕구가 바로 이것이다. 그러니 그런 행동을 억압할수록 반항심만 더욱 불러일으킬 뿐이다. 반대로 만약 억압을 멈추고 인정하며 관용의 태도를 보인다면 사람들이 이 일을 하고자 하는 갈망과 집착은 사라질 것이다. 즉, 억압하는 것보다 자연스럽게 놔두는 것이 더 낫다.

백번 말해도 듣지 않는 것은 백번 말했기 때문

한계초과 효과

드라마 〈사무실 공작원〉에 이러한 장면이 나온다. 신경질적인 매니저 버니 애덤스는 사무실로 들어서자마자 모두가 고개를 들기도 전에 잔소리를 시작했다.

"여러분, 보세요. 어떻게 휴지통을 여기 둘 수 있죠? 보기 안 좋지 않나요?", "조! 제가 머리 자르라고 하지 않았나요? 어떻게 지금까지 그렇게 헝클어진 머리를 하고 있죠?", "빌! 사무실 책상 좀 보세요. 그야말로 쓰레기 더미 같아요!"

버니는 자신의 사무실 안으로 들어가면서 끊임없이 말했고, 그 자리에 있던 모든 사람은 약속이나 한 듯이 한숨을 내쉬었다. 모두 일을 계속하려는 순간 버니는 다시 머리를 내밀며 소리쳤다.

"여러분! 잘 들으세요. 내일은 저한테 이런 모습 보이지 말아 주세요!"

버니가 사무실에 들어가자 버니의 비서 그레이가 그를 기다리고 있었다. 그레이가 입을 미처 떼기도 전에 버니는 그레이의 옷깃에 살짝 묻은 기름때를 가리키며 비난하기 시작했다. "그레이, 제가 몇 번이나 옷차림에 신경 쓰라고 주의를 줬잖아요…." 이에 그레이는 건성으로 대답했다. "네에 네에, 늘 말씀하셨죠. 제가 깜박했네요. 하하하."

버니의 비판은 더 이상 아무런 효과가 없다. 사실 새로 온 인턴조차도 버니의 말은 한 귀로 흘려들어야 한다고 생각했다. 이처럼 버니의 잔소리는 이미 모두의 마음속에 '한계초과 효과'를 불러일으켰다.

'한계초과 효과'는 지나치게 자극한 시간이 오래되어 이로부터 심리적 면역, 심지어 심리적 반항심을 불러일으키는 현상을 말한다. 손에 있는 굳은살처럼 문지를수록 더욱 두꺼워지고, 굳은살이 두꺼워질수록 그 밑에 있는 피부는 보호를 받는다. 사실 굳은살뿐만이 아니라 사람의 심리 수용 능력 역시 매우 '두껍다'. 이는 우리의 신체처럼 마음도 우리가 여러 상처를 입지 않도록 노력하며 자기 자신을 보호하기 때문이다.

연속해서 자극을 강하게 받을 때 우리의 마음은 적극적으로 이 자극을 무시하고 심리적으로 무너지지 않도록 돕는다. 자존심이 상할 정도로 수치심을 느끼면 우리의 마음은 서서히 반항을 하기 시작하는 것이다.

'자존감과 수치심'이라는 이 쌍둥이 형제는 우리가 태어날 때부터 갖고 있는 심리 반응이다. 심리학자들은 태어난 지 6개월 된 아기를 통해 한 가지 연구를 진행했다. 그들은 아기가 비록 세상에 대한 인식이 아직 모호하고 말을 할 수 없더라도 주변 사람들의 '좋은 얼굴'과 '나쁜 얼굴'을 구별할 수 있다는 점을 발견했다. 사람들이 아기를 즐겁게 할 때는 방긋방긋 웃는 것으로 보답하고, 사람들이 화난 표정을 지으며 큰 소리로 꾸짖으면 아기는 곧바로 크게 울기 시작한다.

모든 사람에게 수치심은 불쾌감을 주는 부정적 감정이다. 유리한 것은 따르고, 해가 되는 것은 피하려는 본능은 우리가 불쾌감을 느끼게 하지 않기 위해 부단히 노력한다. 각종 바이러스에 맞설 때 우리의 몸이 면역력을 발휘하는 것처럼 부정적 정보를 마주할 때 우리의 마음 역시 이 정보에 맞서 점차 면역력을 발휘한다. 즉, 한계초과 효과 그 자체는 일종의 보호 장치인 셈이다.

어떤 경우에는 말을 많이 할수록 효과가 떨어지는 경우가 있다.

바로 누군가가 무언가를 하지 않도록 설득할 때다. 물론 처음 말을 꺼낼 때는 상대에게 수치심을 주면서 그 행동을 못 하게 막을 수 있다. 그러나 여러 번 반복해서 말하면 상대의 마음속에 면역력이 생기고 설득 효과는 즉시 엉망이 되어 버린다.

마음속 면역력 외에도 '반항심' 역시 제한 효과를 불러일으키는 중요한 원인이다.

마크 트웨인Mark Twain의 사례를 살펴보자.

어느 날 그가 목사의 설교를 처음 들었을 때는 그의 말씀이 너무 좋아 기부를 해야겠다고 생각했다. 그런데 10분 쯤 지나자 설교가 지겨워졌고 잔돈만 기부하기로 결심했다. 다시 10분 후 여전히 목사의 말은 끝나지 않았고 그는 결국 기부하지 않기로 했다. 목사의 설교가 끝난 후 기부금을 거둘 때 너무 화가 난 마크 트웨인은 한 푼도 기부하지 않고 오히려 쟁반에 들어 있던 2달러까지 가져가 버렸다.

목사의 끊임없는 설교는 마크 트웨인을 '짜증'나게 했고, 기부하고 싶지 않게 만들었을 뿐만 아니라, 심지어 다른 사람이 기부한 돈마저 가져가게 했다. 다시 말해 반항심으로 인해 '한계초과 효과'가 발생한 것이다.

인간관계의 소통 과정에서도 반항심은 마음속 면역력보다 더욱 나쁜 심리 상태라고 할 수 있다. 마음속 면역력은 우리에게 단지 '말하거나 말하지 않거나 똑같다'라고 느끼게 하는 반면, 반항심은 '말한 것보다 말하지 않는 것이 낫다'고 느끼게 하기 때문이다.

우리는 종종 분노한 아내가 남편에게 불평하는 소리를 들을 수 있다. 남편은 정말 구제 불능이어서 백번을 말해도 듣지 않았다. 그러나 사실상 아내는 원인과 결과를 바꿔서 생각했을 가능성이 크다. 즉, 아내가 백번씩이나 말했기 때문에 남편은 오히려 듣지 않고 정면으로 맞선 것이다. 이는 바로 '한계초과 효과'가 우리의 일상에서 실현되는 것을 보여 준다.

이처럼 우리는 한 사람의 언어적 매력은 그가 얼마나 많은 말을 하느냐에 달려 있는 것이 아니라, 그가 제대로 말했는가에 달려 있다는 것을 알 수 있다. 끊임없이 잔소리를 멈추지 않는 사람은 듣는 사람의 감정을 고려하지 않고 자신이 하는 말이 정말로 다른 사람이 꼭 들어야 하는 말인지도 고려하지 않는다. 또한, 다른 사람에게 말할 기회조차 주지 않아 더욱 분노를 일으키게 한다.

어떤 소통이든, 특히 다른 사람의 태도를 바꾸기 위해 설득하고 유도하는 의도가 있다면 무의미한 반복을 피해야 한다는 사실을 꼭 기억하자. 사람들이 잔소리를 싫어하는 것이 바로 그런 이유다. 아무리 옳은 소리라고 해도 똑같은 말이 반복된다면 더 이상 그 소리는 옳은 소리가 아닌, 그저 듣기 싫은 소음에 불과하다. 오히려 악영향을 일으킬 가능성이 매우 크다.

PART 10

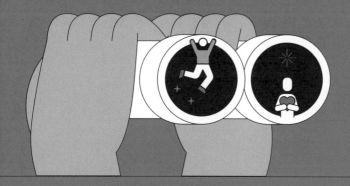

소비에 숨어 있는
함정을 만나다

'비싸니까 품질도 좋다'는 착각의 심리

베블런 효과

많은 사람이 알고 있는 경제학 용어 중에 '박리다매'라는 말이 있다. 그런데 소비심리학 연구를 바탕으로 모두가 진리라고 여긴 이 개념을 정면으로 반박한 사람이 있다. 미국의 경제학자 소스타인 베블런Thorstein Bunde Veblen은 저서인 『유한계급론』에서 박리다매와는 정반대의 개념을 제시했다. 상품의 가격이 비쌀수록 소비자의 구매욕이 더욱 상승한다는 것이다. 이 이론을 가리켜 '베블런 효과'라고 한다.

베블런 효과가 나타난 주요 배경으로는 20세기의 소비주의를 꼽을 수 있다. 구매자의 소비행위가 단순히 물질적 만족이 아닌 대부분 심리적 만족감을 위해서였기 때문이다.

고급 차를 구매하고, 높은 지위를 과시하고, 명화를 사들이며, 고상한 취미를 자랑하는 등 몇몇 제품에서는 베블런 효과가 현저하게 드러났다. 과시욕을 만족시키는 상품일수록 가격이 비싸도 수요는 증가했다. 상품의 가격이 곧 구매자의 부와 지위를 드러내는 유일한 지표이기 때문이다. 이러한 소비행태는 사회가 발전할수록 증가하는 추세를 보였다.

또 다른 배경으로는 가격과 품질의 상관관계에서 비롯된 소비자의 기대심리가 있다는 것이다. 눈을 사로잡는 명품을 앞에 두고 발품을 팔며 비슷한 제품의 우위를 비교할 시간적 여유가 충분하지 않을 때 가격은 중요한 선택 요인이 된다.

'좋은 물건이라서 비싸다'라는 일반적인 논리가 소비자의 관점에서 '비싸니까 당연히 좋을 거다'로 바뀌는 것이다. 논리적으로는 맞지 않지만 심리학적으로는 확실히 설득력이 있다. 특히 자유 경쟁 시장에서 가격은 상품의 가치를 드러내는 수단이자 품질을 보증하는 근거가 된다.

캄보디아 앙코르와트에 옥으로 만든 장신구를 파는 가게가 있었다. 하루는 가게 사장이 점원에게 똑같은 옥 팔찌 2개에 100달러와 800달러의 각각 다른 가격표를 붙이게 했다. 이를 이상하게 여긴

점원이 사장에게 물었다. "같은 물건인데 왜 하나는 700달러나 더 비싸게 팝니까? 800달러짜리를 누가 사겠어요?"

하지만 사장은 말없이 웃기만 했다. 잠시 후, 여러 명의 관광객이 들어와 장신구를 구경했고 한 여성이 똑같은 옥 팔찌 2개를 들고 요리조리 살펴보다 800달러짜리 옥 팔찌를 골랐다. 이때 그녀의 친구가 말했다. "100달러짜리랑 다를 게 없어 보이는데…." 그러자 옥 팔찌를 산 여성이 단호하게 대답했다.

"아냐, 딱 봐도 품질이 다르잖아."

고객이 나가고 점원이 다시 물었다. "왜 굳이 비싼 걸 골랐을까요? 정말 두 팔찌의 품질이 다릅니까?" 그러자 사장이 어깨를 으쓱하며 대답했다. "아니, 완전히 똑같아. 다른 건 가격뿐이라네."

옥 팔찌를 처음 접해 본 외국인 관광객에게 가격은 품질을 가늠하는 중요한 지표다. 그것이 잘못된 지표일지라도 여전히 많은 사람이 가격의 함정에 빠진다.

가격이 비쌀수록 불티나게 팔리고 싼 제품이 팔리지 않는 현상은 어디에나 있다. 판매자는 이런 소비심리를 이용하여 최대한 가격을 높여 이윤을 얻고 물건의 품질을 일일이 감별할 수 없는 소비자는 '값싸고 좋은 물건은 없다', '싼 게 비지떡'이라는 말을 맹신한다.

물론 오랜 시간 속에 굳어진 소비행태가 잘못된 것은 아니다. 단

지 '브랜드가 지닌 부가가치를 완전히 배제한 자유 경쟁'이라는 전
제조건이 필요하다.

위의 이야기 속 옥 팔찌 판매는 주로 일회성이며 독점 판매의 가
능성이 있어 완전한 자유 경쟁으로 보긴 어렵다. 사치품의 경우는
브랜드가 지닌 가치, 브랜드를 대외 홍보하는 마케팅 비용이 포함
된 값이기에 '싼 게 비지떡'이라는 논리가 적용될 수 없다.

별난 심리연구소

소비자는 가격보다 상품 자체의 질을 따져 봐야 한다. 일반상품은
장단점을 쉽게 파악할 수 있어 소비자가 자신의 판단력을 믿어도
되지만, 값비싼 고급제품은 전문가의 안목을 빌려 품질을 살펴야
한다. 품질이 가격을 결정하며, 가격이 품질을 증명해 주지 않는다
는 사실을 알아야 '베블런 효과'의 함정에 빠지지 않을 수 있다.

대체할 수 없는 필수품, '기펜재'를 아시나요?

기펜의 역설

수요와 공급의 원리에 따르면, 상품의 수요량과 가격은 반비례를 이룬다. 즉, 가격이 올라가면 사는 사람이 적어지고 가격이 내려가면 사는 사람이 많아진다. 이는 또한 경제 조절 수단의 중요한 이론을 근거로 한 것이다.

1845년, 아일랜드는 화산 폭발로 인해 기근이 들었고 그 속에서 감자 가격은 급격히 오르기 시작했다. 그러나 아일랜드의 감자 수요량은 하락하지 않고 오히려 계속 상승했다.

영국의 경제학자 기펜Giffen은 이처럼 수요 원리가 불일치하는 현상을 관찰했고, 학계에서는 이러한 현상을 '기펜의 역설Giffen's paradox'이라고 불렀다. 또한, 그런 특징을 가진 상품을 '기펜재'라고 불렀다.

사실 기펜의 역설 배후에는 지극히 소박한 소비행동학의 원리가 숨어 있었다. 바로 사람들이 상승과 하락을 좇는다는 것이다.

아일랜드의 감자에 기펜의 역설이 생겨난 원인이 바로 여기에 있다. 나라에 기근이 든 특수한 시기에 빵이나 고기, 감자의 가격은 모두 상승했는데 사람들의 수입은 크게 줄어들어 빵이나 고기를 살 형편이 되지 못했다. 따라서 상대적으로 가격이 저렴한 감자가 사람들에게 가장 먼저 선택된 것이다. 이처럼 감자의 수요량은 오히려 증가했고 이에 따라 감자의 가격 역시 다른 식품에 비해 빠르게 상승했다. 거꾸로 감자의 가격이 더욱 오르자 농민들은 어쩔 수 없이 더 많은 감자를 사들이며 악순환을 초래했다.

기펜의 역설은 많은 상품에 존재하는데, 부동산 시장과 주식 시장에서도 찾아볼 수 있다.

1980년대 일본, 동남아, 미국 동북부의 제조업 도시들은 모두 부동산 가격 붕괴의 비극을 겪었다. 보통 집값이 폭락하는 과정에서는 '집값이 떨어질수록 집을 살 사람이 없어지는' 현상이 나타난다. 그러나 붕괴 직전의 부동산 열기 속에서 오히려 집값은 치솟았고 집을 사려는 사람은 끊이지 않았다.

또한, 주식 시장에서도 어떤 주식 가격이 상승할 때, 사람들은 모두 광적으로 이 주식을 사재기한다. 반면 주식 가격이 하락하면 주식을 사려는 사람은 오히려 감소하고 주식을 가진 사람 역시 빨리 주식을 팔고 싶어 한다.

아이슬란드의 감자, 부동산, 주식 모두에는 한 가지 뚜렷한 속성이 있다. 그것은 바로 '대체 가능성이 낮은 필수품'이라는 것이다. 이러한 상품을 '기펜재'라고도 부르는데, 그 자체로 공급과 수요의 원리에 제한을 받지 않고 정반대의 방법으로 쓰일 수도 있다.

기근이 든 아이슬란드에서는 감자가 비쌀수록 사람들이 더욱 광적으로 감자를 구매했는데 이는 빈곤 속에서 생존을 유지하기 위한 어쩔 수 없는 선택이었다.

부동산과 주식 시장에서 상승과 하락을 좇는 것도 반드시 필요한 투자 이념이라고 할 수 있다. 그러나 '기펜재가 아닌 물품'에서도 이러한 현상이 나타나는데 이는 아마도 일종의 소비 함정일 것이다.

미국의 로버트 치알디니가 쓴 『설득의 심리학』에 한 가지 이야기가 나온다. 치알디니의 친구는 인도 보석을 파는 상점을 열었는데 마침 여행 성수기라 고객들로 가득했다. 그중 푸른 소나무와 돌로 만든 장식품들은 가치가 매우 높았는데 어떻게 된 일인지 전혀 팔리지가 않았다. 이 장식품들을 팔기 위해 그녀는 여러 가지 방법을 생각해 냈다. 먼저 이 장식품들을 상점 중간에 전시하여 사람들의 주의를 끌어보고자 했는데 효과가 거의 없었다. 또 판매 직원에게 이 장식품을 판매하라고 대대적으로 알렸지만 이 역시 효과가 없었다.

시내로 물건을 사러 가기 전날 밤, 그녀는 부랴부랴 판매 직원에게 줄 쪽지 한 장을 썼다.

"이 상자 안에 있는 물건들 모두 판매가에 1/2을 곱한 가격으로 파세요." 그녀는 손해를 보더라도 이 성가신 장식품들이 팔렸으면 했다.

며칠 후, 그녀가 상점으로 돌아왔을 때 예상했던 대로 보석들은 모두 팔렸다. 그러나 그녀는 곧 판매 직원이 자신의 조잡한 글씨체를 제대로 보지 않아 '1/2'을 '2'로 잘못 읽고 두 배의 가격으로 모든 장식품을 팔아 버린 사실을 깨달았다. 그녀는 놀라서 멍해졌다.

푸른 소나무와 돌로 만든 장식품은 분명 '기펜재'에 속하지 않는다. 이치대로라면 공급과 수요 원리에 완전히 부합해야 하지만 왜 이 장식품은 가격이 올랐는데도 판매량이 증가한 것일까?

로버트 치알디니는 이를 '고정된 행동 양식'이라고 불렀다. 이른바 고정된 행동 양식이란 '조건 반사'와 유사한데 동물들이 오랜 기간 훈련을 받은 후 어떤 신호에 대해 행동 피드백을 보이는 것을 말한다. 예를 들어 우리는 훈련받은 원숭이가 '삐삐' 소리를 들은 후 바나나를 따기 시작하는 것을 볼 수 있다.

로버트 치알디니는 인류 역시 비슷한 행동 양식이 있다고 생각했다. 따라서 어떤 상품의 가격이 갑자기 상승할 때, 우리는 먼저 '빨리 사야겠어, 그렇지 않으면 가격이 계속 오를 것이고, 더 이상 머뭇거리면 살 수 없을 거야.'라고 생각한다는 것이다. 여기서 우리는 이성이 종종 본능보다 느리다는 사실을 알 수 있다.

별난 심리연구소

인간의 본능은 빠르게 발현되지만, 순식간에 사라지기도 한다. 그 뒤부터는 이성에 의해 바로 가려진다. 홈쇼핑의 물건 판매도 비슷한 전략이다. 먼저 판매자들은 긴박감을 만들어내 우리의 본능이 소비할지 말지를 신속하게 결정하게 한다. 결국 '기펜재에 속하지 않는 상품'에 대해 상승과 하락을 좇는 어리석은 행동을 하게 만드는 것이다. 이는 소비자들이 현재의 상황이 이성적이지 않다는 것을 충분히 알지만, 어쩔 수 없이 소비의 함정에 빠지는 것과 같다.

당신이 수용한 가장 높은 소비 가격은 얼마인가?

소비자 잉여

린다, 케빈, 해리, 조이 네 사람은 엘비스 프레슬리(미국 록스타) 앨범을 파는 작은 경매에 참여했다. 이들이 생각하는 최저가는 모두 달랐다. 린다가 생각한 최저가는 100달러였고, 케빈은 80달러, 해리는 70달러, 그리고 조이는 50달러였다.

경매 시작 후 경매가는 20달러로 불어났다. 50달러 이상까지 경매가가 올라갔을 때 조이는 경매에서 물러났다. 앨범 가격이 70달러 이상까지 올라갔을 때 해리는 더 이상 값을 부르지 않았다. 그후 케빈은 경매가로 80달러를 불렀고, 린다가 더 높은 가격을 부르면서 케빈도 경매에서 물러났다. 결국 린다가 엘비스 프레슬리의 앨범을 갖게 되었다.

그렇다면 이 경매에서 린다가 얻은 이익은 얼마일까? 답은 바로 앨범 한 장과 19달러다. 린다가 이 앨범에 대해 심리적으로 수용할 수 있는 가격은 100달러였지만 사실상 그녀가 실제로 낸 가격은 81달러였다. 이는 예상보다 19달러나 절약된 가격이었다. 이 절약이 만들어낸 19달러가 바로 린다의 '소비자 잉여' 또는 그녀의 '심리적 수익'에 속한다.

'소비자 잉여' 이론은 영국의 경제학자 알프레드 마샬Alfred Marshall 이 한계 효용 가치 이론에 근거해 만들어낸 소비심리학 개념이다. 그가 쓴 『경제학 원리』에서는 '소비자 잉여'를 다음과 같이 정의한다.

> "사람이 어떤 상품을 위해 실제로 지불한 금액은 절대 자신이 마음속으로 수용할 수 있는 최고 가격을 초과해서는 안 된다. 따라서 자신이 비교하고 구입하여 얻은 만족은 자신이 이 물건의 대가를 치름으로써 포기한 만족보다 훨씬 커야 한다. 이처럼 물건을 구입하면 일종의 만족 잉여를 얻게 된다."

소비자가 '자신이 수용할 수 있는 가장 높은 가격'을 예측하는 것은 완전히 주관적이다. 실제로 소비자 잉여는 소비자가 실제 가치를 얻게 만드는 것이 아니라 소비자에게 일종의 심리적 만족감을 주는 것이다. 같은 이치로 소비자 잉여가 마이너스가 되면 실제 금전적인 손실을 주는 것이 아니라 소비자에게 마치 살을 베는 듯한 고통처럼 절실한 감정을 갖게 만드는 것이다.

어느 날, 시장에 옹기를 파는 사람이 왔다. 그중 한 옹기는 아주 낡아 보였는데도 금화 5개의 값을 받았다. 당시 평균 옹기의 가격은 금화 1~2개 정도였다. 어떤 사람이 떠보며 물었다. "이 옹기를 금화 1개에 살 수 있습니까?" 옹기 상인은 매우 화가 나 대답조차 하지 않았다. 다른 사람이 다시 물었다. "금화 3개면 될 거 같은데요?" 화가 난 옹기 상인은 얼굴이 벌게져서 대답했다. "이 옹기가 낡았어도 공예가 매우 정교하고 아름다워서 딱 봐도 로마에서 온 고급 물건이라고요! 금화 5개 아래로는 절대 안 팝니다!"

마침 부자 한 명이 시장을 구경하다 이 이야기를 듣게 되었다. 그는 곁으로 와 자세히 옹기를 살펴보고는 상인이 말한 것처럼 옹기의 내력이 평범하지 않다는 것을 발견했다. 이 옹기는 당대의 공예품이 아니라 고대 로마 시대의 골동품이며 최소한 금화 100개는 될 정도의 엄청난 가치가 있는 것이었다. 부자는 금화 5개를 내고 호쾌하게 옹기를 샀다.

그렇다면 이 이야기에서 손해 본 사람은 과연 누구일까? 표면적으로 보면 옹기를 판 사람이 가장 손해를 봤다고 생각할 수 있다. 그러나 소비자 잉여 이론에 근거해 보면 사실 두 사람 모두 손해를 보지 않았다. 부자의 관점에서 보면 그의 마음속 최저가는 '100개의 금화'였고 결과적으로는 금화 5개에 물건을 구입했다. 소비자 잉여는 금화 95개로 오히려 돈을 더 벌게 된 셈이다. 또한, 옹기 상인의 관점에서 보면 그가 수용할 수 있는 최저가는 금화 5개였고 그는 실제로 5개의 금화를 벌었다. 소비자 잉여 역시 결코 마이너스가 아니니 그도 손해를 보지 않은 것이다.

물론 다음과 같은 상황이 벌어질 수 있다. 옹기 상인이 그 옹기의 진짜 가치를 알게 되면 그는 틀림없이 상심하게 된다. 그의 마음속 최저가는 옹기의 진짜 가치를 들은 후 금화 100개로 바뀌고 이에 따라 소비자 잉여 역시 마이너스로 바뀌기 때문이다.

소비자 잉여는 사실 주관적 평가 개념이다. 사람마다 각 상품의 가치 평가는 완전히 다르다. 같은 상품이라도 물건을 살 때 얻는 소비자 잉여는 모두 다르고, 소비자 잉여의 정도 역시 모두 다르다.

예를 들어, 금화 500개 가격인 대리석 조각 예술품을 보통 사람이 보면 '누가 이렇게 비싼 돈으로 부서진 돌 조각을 사는 거지?'라고 생각할 수 있다. 반대로 예술가의 입장에서 보면 '이 정교한 예술품을 정말 이 돈에 판다고?'라고 생각할 수 있다. 예술품에 어떤 성분이 들어갔는지를 떠나서 보통 사람은 예술품을 이해하기 어렵다. 예술품에 대한 예상가 또한 낮고 자연히 이 물건을 사는 것은 손해라고 생각한다. 그러나 예술가가 예측하는 가격은 높기 때문에 이 예술품을 사는 것은 오히려 돈을 버는 것이라고 생각한다.

별난 심리연구소

소비자 잉여는 개인의 주관적 판단에 크게 의존한다. 한 사람이 소비 후 '손해 봤어.' 혹은 '역시 잘 샀어.'라고 생각하는 것은 사실 상품의 진짜 가치와는 관련이 없고 표시된 가격과도 크게 상관없다. 단지 그가 이 상품에 대해 얼마큼 지급하기를 원하는가에 달려 있다. 자신이 생각하기에 합당한 금액으로 구입했다면 상품의 가치가 예상했던 것보다 조금 떨어진다고 해도 만족하게 된다. 하지만 예상치 못한 금액으로 구입을 했다면 상품의 가치가 충분해도 만족감은 100%를 채우지 못한다. 소비자의 잉여는 소비자의 지갑 수준에 따라 그때그때 달라진다.

'리미티드'가 붙는 순간 고가가 되는 저가 상품

희귀성 법칙

　우리는 종종 뭔가를 잃고 나서야 그것의 소중함을 깨닫고, 쉽게 얻을 수 없는 것을 소중히 여기게 된다. 또한, 평소 그다지 매력을 못 느꼈던 물건에 대해 언젠가 잃어버릴 수 있고 혹은 자신이 영원히 얻을 수 없다는 사실을 깨달으면 갑자기 몹시 간절히 갖고 싶어진다. 왜 그런 것일까? 이는 바로 어떤 물건을 가질 기회가 적어질수록 그 물건에 대한 가치가 올라가기 때문이다.

　이렇게 '기회가 적어질수록, 가치가 점점 올라가는' 심리가 바로 우리가 흔히 말하는 '희귀성의 법칙'이다.

　희귀성의 법칙이 잘 구현된 것 중 하나로, 소비자 행동학에서 희

262

귀한 물건을 귀하게 여겨 그에 따른 구매 의욕이 높아지는 현상을 들 수 있다.

영리한 상인들은 종종 희귀성의 법칙을 이용한다. 바로 '헝거 마케팅Hunger marketing'이다. 공급과 수요의 수량을 조절해 희소성을 인위적으로 만들고, 공급이 수요를 따라오지 못하는 가상 현상을 만들어 소비자의 열망과 상품의 지명도를 상승시키는 것이다. 한마디로 한정된 물량만 판매해 소비자의 구매 욕구를 더욱 자극하는 마케팅 기법이다.

대표적인 예로 애플의 핸드폰 판매를 들 수 있다. 처음에 아이폰은 생산 능력의 부족으로 번번이 동이 났고, 품절이 몇 달째 계속되었다. 그러나 오히려 소비자의 구매 욕구는 전례 없이 높아졌다. 여기에 재미를 본 애플은 일부러 시장을 '허기' 상태로 만들기 시작했다. 아이폰4까지 출시되었을 때 소비자의 구미를 당기는 이러한 마케팅 방식은 극에 달했다.

아이폰4가 출시되기 전, 애플은 차세대 휴대전화가 곧 출시될 것이라는 소식을 전했고 그 후에는 어떠한 소식도 전하지 않았다. 소비자의 호기심이 완전히 폭발할 때까지 기다린 후 스티브 잡스는 비로소 대회장에 나타났다. 그는 아이폰의 성능을 화려하게 소개하며 "다시 한번 모든 것을 바꿔라."라고 말했다. 그 후 전 세계를 뒤

덮은 광고는 이전의 침묵과는 극명한 대조를 보여 주었고, 동시에 소비자의 욕구는 절정에 이르렀다. 아이폰4가 정식으로 출시된 후 애플은 거대한 시장 수요를 무시한 채 통신사들과 배타적인 제휴 협약을 체결했다. 또한, 엄격히 수량을 통제하며 시도 때도 없이 시장을 품절 상태에 빠뜨렸다.

애플의 이러한 헝거 마케팅 전략은 희귀성 법칙의 효과를 극에 달하게 했다. 그 후로 새로 출시되는 모든 아이폰에 이 방식을 벤치 마킹했고, 아이폰7이 출시될 때야 비로소 다시 주춤해졌다.

이러한 마케팅 방식이 주춤해진 것은 모방하는 기업이 너무 많았고 소비자들은 전통적인 헝거 마케팅 방식에 이미 거부감이 생겼기 때문이다. 그러나 이것은 결코 희귀성의 법칙이 실패했다는 것을 뜻하지 않는다. 단지 사업가가 희귀성의 법칙을 재사용하려면 더 많은 마케팅 수단을 발명해야 한다고 말할 뿐이다.

희귀성의 원칙에서 중요한 수단 하나가 바로 사재기다. 이는 본질적으로 경쟁 구매 방식을 도입함으로써 희귀한 분위기를 조성하는 것이다. 이로 인해 소비자의 마음속에 희귀성의 법칙이 생긴다.

어렸을 때 친구들끼리 서로 경쟁하며 원래 안 좋아하던 음식도 앞다투어 빼앗아 먹고 마치 그 음식 맛이 더 좋은 것처럼 느낀 적이 있을 것이다. 그 이유는 간단하다. 서로 다투는 것은 곧 경쟁을 의미한다. 일단 경쟁 심리가 생기면 자원의 희귀성이 구현되기 시작하고 우리의 마음속에 '희귀성에 대한 두려움'이 생긴다.

미국 애리조나 주립대학교의 심리학 교수 로버트 치알디니는 저서에서 동생 리처드의 자동차 판매 경력에 관해 말한 적이 있다.

리처드는 종종 주말에 광고를 걸고 중고차를 팔았는데, 보통 하루에 한 사람 정도가 전화해 차를 보여 달라고 요구하곤 했다. 그는 일주일 동안 문의가 온 잠재 구매자들에게 어느 날, 모두 같은 시간에 차를 보러 오라고 약속을 잡았다. 이는 경쟁 분위기를 만들기 위한 것이었다.

첫 번째 잠재 구매자는 통상적으로 표준적인 구매 절차에 따라 차를 자세히 검사하고 여러 가지 결함을 지적한 후 가격을 흥정한다. 그러나 이때 두 번째 잠재 구매자가 도착하고 첫 번째 잠재 구매자의 심리 상태는 곧바로 변화되어 경쟁의식이 생겨나기 시작한다. 몇 분 전에 보였던 여유로움은 온데간데없고, 그는 갑자기 이번 기회를 놓쳐서는 안 되고 시간이 촉박하다는 생각을 하게 된다. 동시에 두 번째 잠재 구매자 역시 제한적인 자원에 의한 경쟁으로 긴장하게 된다. 그는 한쪽에서 서성거리며 이 차를 더욱 매력적으로 느끼기까지 한다. 만약 첫 번째 구매자가 이 차를 구매하지 않는다면 두 번째 구매자는 충동적으로 이 차를 구매할지도 모른다.

치알디니는 이에 대해 "내 동생의 수입에 기여한 모든 구매자는 그들이 차를 사고 싶어 하는 강한 욕망이 차 자체의 가치와는 무관하다는 점을 인식하지 못했다."라고 평가했다.

이처럼 경쟁이 가져오는 희귀성과 허기는 어떤 사물에 대한 사람의 욕망을 쉽게 자극한다. 이 방법은 사실 판매자뿐만 아니라 구매자가 가격을 결정할 때도 사용될 수 있다.

별난 심리연구소

우리가 어떤 상품이나 서비스를 구매하려 할 때 판매자는 계속해서 가격을 흥정한다. 이때 우리는 그에게 내가 제시한 가격이 충분히 유혹적이기 때문에 많은 판매자가 나에게 물건을 팔기 원한다는 사실을 암시한다. 그러면 상대의 기세가 천천히 약해지는 것을 발견할 수 있다.

같은 이치로, 대부분의 경우 사람들이 어떤 일에 흥미를 갖기 원한다면 크게 힘들여 그들을 설득할 필요가 없다. 단지 그들을 위해 경쟁 상대를 만들면 된다. '희귀성'에 대한 두려움은 타고난 본성이기 때문이다.

1+1 제품을 사도
늘 손해 보는 소비자

할인 효과

전 세계 최대 생필품 회사인 P&G에서 '할인권 제도'를 시행한 적이 있었다. 저소득 고객층에게 할인권을 제공하여 할인권을 가진 고객이라면 누구나 비교적 저렴한 가격으로 물건을 살 수 있었다. 그러나 1996년 P&G는 소비자 수요의 가격 탄력성이 너무 높다는 이유로 이 제도를 없애야 했다. 그 결과 대량의 할인권을 받았던 고객들은 분노했고 P&G를 뉴욕주의 사법부에 고소했다. 결국 뉴욕주 사법부는 P&G에 할인권 제도를 유지하라고 요구했다.

할인은 현대 소매업의 위대한 발명이라고 할 수 있다. 원가에 따라 구매자에게 일정 비율을 양보함으로써 가격에 적절한 혜택을 주고, 소비자들이 계속 소비할 수 있게 유인하는 것이다. 소비자들은 '하늘 아래 공짜는 없다'는 걸 알면서도 여전히 각종 할인 상품에 우르르 몰려드는데 이것이 바로 소비자 행동 중 하나인 '할인 효과'다.

일반적으로 할인을 이유로 자신에게 필요하지 않은 상품을 대량 구매하는 행동을 '감성적 소비'라고 한다. 그러나 사실 할인 효과는 소비자의 '이성적인 경제인'으로서의 특성, 즉 자신의 이익을 최대화하기 위해 상품을 구매하는 특성을 적절히 이용한 것이다. 판매자 역시 '이성적인 경제인'으로서 이익 최대화를 추구한다.

그렇다면 그들은 왜 할인을 마케팅 무기로 사용하는 것일까?

사실상 할인의 가치 그 자체로는 소비자 혹은 판매자 모두에게 어떠한 영향도 없다. 양측 모두 그저 자신의 이익 극대화를 추구하는 과정에서 할인을 이용해 하나의 게임을 진행하는 것이다. 즉, 누가 할인의 가치를 최대로 발휘할 수 있는지, 누가 게임에서 승리할지 예측하는 것이다.

할인 혜택에 숨겨진 게임 논리는 아주 간단하다. 바로 잠재적인 미래 소비를 앞당기는 것이다. 일반적으로 말하면 소비자들은 할인 상품을 구매할 때 '지금 당장은 이 물건이 필요 없지만, 나중에 필요할 수도 있어. 지금 저렴할 때 빨리 사 놓는 게 나을 거야.'라는 심리를 갖는다.

한편 판매자는 '비록 당신이 나중에 살 수도 있지만, 사지 않을 수도 있으니 차라리 지금 바로 사는 게 나을 거야.'라는 심리를 갖는다.

그렇다면 이렇게 두 가지가 공존하는 심리 게임에서 도대체 누가 누구를 속이는 것이고, 누가 손해를 보는 걸까? 사실 정답은 둘 다 아니다.

소비자 입장에서 보면, 만약 그가 미래에 반드시 이 상품을 구매해야 한다면 할인할 때 사는 것이 가장 이성적인 소비가 된다. 그러나 만약 그가 미래에 필요하리라는 예상이 틀린다면 그는 할인 함정에 빠진 셈이다.

같은 이치로 판매자 입장에서 보면 만약 미래에 이 상품이 필요하다고 생각한 소비자의 예상이 맞으면 틀림없이 판매자는 손해를 본다. 굳이 할인하지 않더라도 소비자는 미래 어느 시점에 반드시 이 상품을 살 것이기 때문이다. 이처럼 할인 그 자체는 함정이 될 수 없다. 진짜 함정은 소비자가 자기 소비 수요에 대해 어떻게 예측하는가에 달려 있다.

단순한 할인 혜택 외에도 현재 판매자들은 또 다른 변형된 할인 무기인 충전카드를 갖고 있다. 통상적으로 상품 자체는 할인되지 않지만, 충전카드를 현금화하고 캐시백되는 형식을 채택하여 소비자들을 유인한다. 특히 헬스장, 수영장, 교육 과정처럼 가격 변동에 영향을 받지 않는 서비스형 상품에서 충전카드는 자주 사용되는 마케팅 수단이다.

이 역시 일종의 심리 게임이라 할 수 있다. 소비자들은 '나는 앞으로도 계속 이곳에서 쇼핑할 거야. 충전을 많이 할수록 캐시백도 많이 받을 수 있으니 할인받는 셈이야.'라는 심리를 갖는다. 그러나 판매자들은 '당신이 앞으로 또 여기 와서 쇼핑할 거라고 확신할 수 없으니 먼저 5만 원을 채워서 충전하는 것이 좋을 거야.'라는 심리를 갖는다.

그렇다면 충전카드 같은 방식은 과연 수지타산이 맞을까? 아니면 누가 누군가를 함정에 빠뜨리는 걸까? 소비자들이 정말로 이곳에서 장기간 쇼핑하면 소비자들은 돈을 번다. 그리고 판매자도 돈을 번다.

대부분의 사람들은 할인을 함정이라고 생각한다. 사실 이는 매우 일방적인 견해다. 사실상 할인은 게임이라 할 수 있다. 다만 이 게임에서 판매자가 승리할 가능성은 소비자보다 훨씬 크다. 소비자 개인보다는 조직화된 판매자가 더욱 '이성적인 경제인'의 특성을 갖추고 있기 때문이다. 심지어 이러한 할인 게임에서 소비자는 질 수도 있고 이길 수도 있지만, 판매자는 많이 이기거나 적게 이기는 것의 차이밖에 없다. 판매자의 입장에서 볼 때 원가보다 높은 가격으로 고객의 소비를 끌어들이기만 하면 결코 손해는 보지 않기 때문이다.

별난 심리연구소

할인은 함정이 아니다. 그러나 할인에 직면할 때, 우리는 여전히 이성적인 행동을 유지하고 진지하게 자신의 소비 욕망과 소비 예상을 고려해야 한다. 그렇지 않으면 언제든 판매자의 전략에 쉽게 빠져들 수 있다. 어떤 판매자든 손해를 보면서 장사를 하는 사람은 없기 때문이다. 판매 전략에서 소비자가 승리할 가능성은 0%에 가깝다.

최고로 멍청한 행동만
안 하면 된다

더 큰 바보 이론

유명한 경제학자인 존 메이너드 케인스John Maynard Keynes는 1919년 8월 선물환투기(투기자가 예상하는 미래의 환율과 선물환율의 차익을 노려 선물환 거래를 하는 행위_역주)를 위해 수천 파운드를 빌렸다. 4개월 후 그는 몇 배의 시세 차익을 얻었으며 이에 흥분해 다시 돈을 빌려 투자했다. 그러나 3개월 후 이전에 벌었던 돈과 빌렸던 원금까지 모두 잃고 말았다. 7개월 후 케인스는 다시 목화솜 선물 거래에 뛰어들었다. 이번엔 큰 성공을 거둬 돈도 많이 벌었을 뿐만 아니라 투자 심리학에서 중요한 이론인 '더 큰 바보 이론'을 발견하게 되었다.

'더 큰 바보 이론'은 자본 시장에서 사람들이 상품의 진짜 가치를 고려하지 않고 비싼 값을 주고 사는 것은 어떤 바보 구매자가 더 높은 가격에 그것을 사갈 것이라고 예상하기 때문이라고 말한다. 이에 대해 케인스는 유명한 과학자인 뉴턴을 예로 들었다.

1720년 영국의 한 사기꾼이 가방 회사를 설립했는데 처음부터 끝까지 이 회사가 도대체 뭘 하는 회사인지 아는 사람은 없었다. 그러나 당시 투기 광풍의 영향으로 이 회사가 주식을 발행했을 때 1000명에 가까운 투자자들이 앞다투어 모여들었다. 이 회사의 주식 평가를 믿는 사람은 아무도 없었지만 모두 더 큰 바보가 나타나 가격은 오르고 자신은 돈을 벌 수 있을 것이라 예상했다. 재미있는 점은 유명한 과학자 뉴턴Isaac Newton 역시 이 투기에 참여했고, 그중 가장 큰 바보가 되었다는 것이다.

투기와 투자의 차이는 투기 행위의 관건이 투자 대상의 가치를 예측하는 게 아니라 자신보다 더 큰 바보가 있는지 판단하는 데 있다. 결국 자신이 가장 큰 바보가 아니기만 하면 이익을 보는 것은 문제가 되지 않는다. 물론 만약 더 높은 가격에 사야 하는 바보가 물건을 사지 않는다면 결국 그 물건을 가진 사람이 가장 큰 바보가 되고 만다.

사실 우리는 모두 이 이치를 안다. 자본 투기가 가장 광적인 시대에는 어떤 투기꾼도 자본 시장이 영원히 번영하리라고 믿지 않는다. 그러나 만약 사람들이 계속 주식이나 투기를 할 것인지 물어본다면 놀랍게도 반드시 할 것이라 대답할 것이다.

'더 큰 바보 이론'이란 표현은 특히 주식 시장에서 자주 볼 수 있다. 심지어 더 나아가 '바보가 바보를 이기는 더 큰 바보 전략'이라고도 불린다. 즉, 높은 가격에 주식을 사들이고 시세가 유리하게 상승할 때 신속하게 파는 것이다. 이러한 '더 큰 바보 전략'에서 사람들은 '높은 가격 위에 더 높은 가격이 있고 낮은 가격 아래 더 낮은 가격이 있다.'라고 생각한다.

'더 큰 바보 이론'은 이 세상에서 가장 두려운 일은 바보가 아니라 마지막 바보가 되는 것이라는 이치를 우리에게 말해준다.

'더 큰 바보 이론'은 사실 두 가지로 세분화할 수 있다. 하나는 감성적으로 더 큰 바보이고, 다른 하나는 이성적으로 더 큰 바보이다. 감성적으로 더 큰 바보란 자신이 더 큰 바보 게임에 들어갔다는 것도 모르고 게임의 규칙이나 필연적인 결말도 모른 채 행동하는 것을 말한다. 반면, 이성적으로 더 큰 바보란 더 큰 바보 게임의 규칙을 잘 알면서도 지금 상황에 더 바보 같은 투자자들이 개입할 것이라 믿고 적은 돈을 들여 도박을 즐기는 것을 가리킨다.

투기 시장에서 대부분 투기자는 모두 이성적으로 더 큰 바보가 된다. 따라서 대중의 심리에 관한 판단은 점점 중요해지고 있다. 보편적으로는 대중이 현재 가격대가 이미 높으니 철수하고 멀리서 지켜봐야 한다고 느낄 때 시장의 진정한 최고가가 나온다.

"더 큰 바보가 된다고 제일 큰 바보가 되는 것은 아니다."

이 말은 간단하게 들리지만 결코 쉬운 일이 아니다. 이보다 더 큰 바보가 있는지 없는지 판단하기가 쉽지 않기 때문이다. 또한, 주의를 기울이지 않으면, 이성적인 바보는 감성적인 바보보다 더 큰 바보가 되기 쉽다. 감성적인 바보는 자기도 모르는 사이에 바보 게임에 들어가더라도 잘못된 것을 발견하면 즉시 철수하지만, 이성적인 바보는 위험한 상황이 명백하게 밝혀져도 일단 판단을 잘못하면 영원히 되돌아올 수 없기 때문이다. 따라서 바보 게임에 참여할 때는 반드시 시장 시세와 대중 심리에 대해 충분히 연구하고 분석하며 자신의 심리 상태를 잘 통제해야 한다.

별난 심리연구소

자본 시장에 들어갈 때는 자신이 '투자'를 하고 있는지 '투기'를 하고 있는지 잘 가려 내야 한다. 바보처럼 보이는 걸 좋아하는 사람은 없다. 그러나 일단 우리가 투기에 참여하기로 선택했다면, 이는 자기 자신을 '바보 후보'에 두는 것과 다름없다.

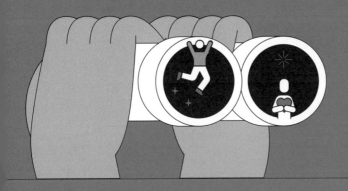

PART 11

삶과 일의
균형을 만나다

첫 직장, 첫 업무, 첫 휴가
처음이라 좋은 것들

경로 의존성 법칙

1927년 미국의 서던 회사는 세계 최초로 편의점을 설립했다. 그리고 1946년에는 '7-Eleven'으로 이름을 바꾸었는데 이는 매장의 영업시간이 아침 7시부터 밤 11시까지라는 것을 뜻했다. 1974년 이토요카도는 편의점을 일본에 도입해 영업시간을 365일 24시간으로 바꿨다. 이후 이러한 24시 편의점은 전 세계적으로 퍼져 나갔다.

이렇게 365일 영업하는 상점은 일반 슈퍼마켓보다 추가 비용이 발생한다. 예를 들어 조명, 저녁 교대근무 직원의 급여, 재고 관리자의 초과 근무 수당 등으로 인해 실제 이윤율은 일반 슈퍼마켓보다 낮다.

그렇다면 이런 종류의 상점들은 왜 여전히 새벽 운영을 유지하는 것일까? 이것은 심리학의 '의존성 법칙'과 관련이 있다.

'의존성 법칙'은 인간 사회의 기술 발전이나 제도의 변화가 물리학의 관성처럼 일단 어떤 경로로 들어가면, 이 경로에 의존하게 된다는 것을 말한다. 이는 물리 세계처럼 인류 사회에도 수익 증가와 자기 강화체제가 존재하기 때문이다. 일단 사람들이 어떤 선택을 하면, 마치 돌아오지 않는 길을 걷는 것처럼 관성의 힘은 이 선택을 끊임없이 강화하고 쉽게 벗어날 수 없게 만든다.

24시간 편의점은 '의존성 법칙'을 효과적으로 이용했다고 볼 수 있다. 고객들은 일상에서 필요한 것들을 살 때 자기가 제일 익숙한 가게에 가고 자신의 요구에 맞는 가게를 한 번 선택하면 바꾸지 않는 경향이 있기 때문이다.

보통 가게들은 밤 10시면 문을 닫고 다음 날 아침 8시쯤 문을 연다. 이때 만약 한 가게가 영업시간을 24시간으로 바꾼다면 밤 10시부터 아침 8시까지 물건을 사는 고객들의 유일한 선택지가 될 수밖에 없다. 또한, 여러 번 이 가게에서 물건을 구입한 손님들은 이 가게의 진열 방식에 익숙해지고, 이 가게로 가는 길도 익숙해진다. 무엇보다 이 가게와 '편리'를 쉽게 연관시킨다는 점이다.

이것은 하나의 쇼핑 경로를 형성하는 것과 같다. 이렇게 되면 손님들은 낮 동안에도 이 가게에서 쇼핑하는 데 익숙해지고 이는 곧 '의존성 법칙'이 형성되는 것이다.

'의존성 법칙'은 최초로 경제 제도의 발전을 상세히 해석하는 데도 이용된 적이 있다. 미국의 경제학자 더글러스 세실 노스Douglass CecilNorth는 서양 근대경제사를 정밀히 관찰한 후 한 나라의 경제 발전 과정에서 나타나는 제도 변화에는 '의존성 법칙'이 존재한다고 생각했다. 그는 제도 변화에 대한 '경로 의존' 개념을 창안했다. '경로 의존'의 관점에서 보면 이 세상에 이렇게 많은 나라가 있는데도 발전된 경로는 왜 각기 다른지, 왜 어떤 국가는 항상 경제적 낙후나 제도의 비효율적인 괴리 등의 문제에서 벗어나지 못하는지 해석할 수 있었다.

이 연구 성과는 1993년 노스에게 노벨경제학상을 안겨 주었고, '의존성 법칙' 또한 그 이름을 알리기 시작했다. 또한, 사람들은 우리 삶의 다양한 선택적 의사결정을 상세히 설명할 때 '의존성 법칙'을 이용하기 시작했다. 크게는 국가와 민족에 이르는 경제 제도의 발전부터 작게는 개인의 소비 전략에 이르기까지 '의존성 법칙'의 영향을 받지 않는 것은 없다. 심지어 우리의 모든 선택은 '의존성 법칙'의 영향을 받는데, 이로부터 과거의 선택은 현재 선택 가능한 것들을 결정짓고, 현재의 선택은 다시 미래의 선택을 결정짓게 되었다.

　가장 전형적인 예가 바로 직장 생활이다. 한 사람의 직업 발전에 영향을 미치는 요소는 아주 많다. 그중 제일 중요한 것은 의심할 여지 없이 바로 첫 직장이라 할 수 있다. 전문가들은 일찍이 이를 형상화하여 직업 발전에는 우리가 옷을 입을 때처럼 첫 단추가(첫 직장처럼) 아주 중요하다고 비유한다. 만약 첫 단추를 잘못 끼우면 잘못된 길로 갈 가능성 또한 커진다. 이는 한 직업에 오래 종사할수록 경로 의존의 영향이 크기 때문이다. 고정된 경로에서 보수가 증가하고 자기 강화 심리가 강해질수록 경로 변경(직업 계획의 변경)의 비용도 커진다.

　객관적으로 말해 첫 직장의 선택은 단지 두 가지 경우로만 나타난다. 하나는 성공한 선택으로, 자신의 발전에 적합한 시작점을 찾아 이 길을 따라 계속 성공적으로 나아가는 것이다. 다른 하나는 실패한 선택으로, 일에 깊게 들어갈수록 자신의 발전에 부적합한 길을 걷는다.

　그 후의 상황은 사실 직장에서 보편적으로 볼 수 있다. 우리가 이미 어떤 일의 상태나 직업 환경에 익숙해졌을 때, 그에 대한 의존성은 반드시 나타난다. 따라서 다른 선택을 하면, 기득권을 상실하고 심지어 다시 회복하기 어려워진다.

이것이 바로 직업 컨설팅전문가들이 첫 직장은 반드시 자신의 취미, 개성, 능력 및 전문 지식을 모두 고려하여 선택해야 한다고 조언하는 이유다. 또한, 자기 자신을 위해 도전적이면서도 객관적이고 실질적인 경력 발전 계획을 수립하고, 계획에 따라 한 걸음 한 걸음 노력해 나아가야 한다. 이렇게 하면, 의존성 법칙이 가져오는 자아 강화는 비로소 긍정적인 피드백 역할을 하며 순조롭게 발전될 수 있다.

별난 심리연구소

우리는 잘못된 선택일수록 '의존성 법칙'이 더 강하게 작용한다는 사실을 잘 인식해야 한다. 고유한 경로를 버리는 데는 엄청난 용기가 필요하기 때문이다. 동시에 엄청난 대가를 치러야 하므로 더욱 심사숙고해서 결정해야 한다. 일단 결정을 내리면 확고하게 경로를 전환하고, 새로운 직업 계획 경로로 용감하게 나아가야 한다. 이것이 다시 성공의 궤도로 돌아가는 유일한 선택이다.

늦었다고 생각할 땐
정말 늦을 수 있다

자이가르닉 효과

1920년대 독일의 심리학자 자이가르닉Zeigarnik은 기억력과 관계 있는 한 가지 실험을 진행한 적이 있다. 그녀는 피실험자들에게 22개의 간단한 일을 요구했는데, 이 일들에 필요한 시간은 대체로 비슷했고 일반적으로 몇 분 정도가 소요될 뿐이었다. 이 22개의 일은 두 그룹에게 나누어졌다. 그중 한 그룹은 일을 다 끝내도록 허락된 반면, 다른 그룹은 일을 다 끝내기 전에 저지당했다.

얼마 지난 후 자이가르닉은 즉시 피실험자들에게 그들이 했던 22가지 일이 각각 무엇인지 기억하도록 요구했다. 실험 전 피실험자들은 이런 요구를 받을 줄 몰랐기 때문에 한순간 모든 것을 기억

해내기 힘들어했다. 그 결과, 피실험자들은 평균적으로 완성하지 못한 일에 대해서는 68% 정도 기억했고, 이미 완성한 일에 대해서는 43% 정도 기억했다.

이 실험에서 알 수 있듯, 피실험자들은 미완성한 임무를 더욱 잊지 못하고 마음속에서 쉽게 지우지 못했다. 이러한 현상을 '자이가르닉 효과'라고 한다.

우리가 어떤 일을 할 때 마음속에 일종의 압력 시스템이 생기는데 이 시스템은 우리를 긴장 상태로 만든다. 일을 완성하지 못하고 중단했을 때, 이러한 긴장 상태는 한동안 지속되고 미완성한 임무 역시 계속 마음을 짓누른다. 그러나 임무를 완성하면 이러한 긴장 상태는 즉시 사라지고 우리의 뇌는 그 임무를 쉽게 잊어버린다.

'자이가르닉 효과'는 현실에서도 매우 광범위하게 응용된다. 예를 들어 드라마 중간에 광고를 삽입하는 것은 시청자들을 매우 고통스럽게 만들지만 억지로 끝까지 보도록 만든다. 보통 광고가 나올 때 드라마는 중요한 내용으로 전개되고 시청자들은 정말 중요한 부분을 놓칠까 봐 매우 걱정하기 때문이다. 그저 참고 한 번, 두 번, 그 이상의 몇 개의 광고를 단숨에 보고 나면 채널을 돌리기가 더욱 아까워진다. 어차피 광고를 몇 개씩이나 봤으니 아예 끝까지 다 보는 것이 낫다고 마음속으로 생각하기 때문이다.

이처럼 어떤 일을 하고자 할 때 가장 좋은 방법은 즉시 시작하는 것이다. 일단 시작하면 '자이가르닉 효과'가 발휘되어 그 일을 완성하기 전에는 그만두고 싶어도 그만둘 수 없기 때문이다. 반대로 일을 계속 미루고 어떤 특정 시점을 기다렸다가 다시 시작하겠다고 생각한다면 우리는 그 일을 영원히 시작할 수 없을 것이다.

지역대학 예술단의 뮤지컬 배우인 제니는 막 예술단에 들어갔을 때 한 가지 꿈이 있었다. 그 꿈은 대학 졸업 후 먼저 1년간 유럽 여행을 다녀온 뒤 뉴욕 브로드웨이에 데뷔하는 것이었다. 그녀가 이런 꿈을 자신의 심리학 교수에게 말했을 때 그가 물었다.

"네가 오늘 브로드웨이에 가는 것과 졸업 후에 가는 것은 어떤 차이가 있니?" 곰곰이 생각해 보니 교수의 말은 일리가 있었다. 대학 생활이든 유럽 여행이든 브로드웨이와는 큰 관련이 없었다. 따라서 제니는 이렇게 말했다. "교수님 말씀이 맞아요, 저는 내년에 브로드웨이에 가기로 했어요!" 이 말을 들은 후 교수는 다시 물었다.

"네가 지금 가는 것과 1년 후에 가는 것은 무엇이 다르니?" 제니는 잠시 생각하다 마침내 깨닫고 감격하며 말했다.

"좋아요! 짐을 챙겨 다음 주에 바로 출발할게요." 그러나 교수는 여전히 고개를 저었다.

"네가 필요한 모든 물건은 브로드웨이에서도 살 수 있어. 네가 일주일 후 가는 것과 내일 가는 것이 무슨 차이가 있을까?" 교수의 이 말은 제니의 열정에 불을 붙였다.

"좋아요! 내일 바로 출발할게요." 그제야 교수는 고개를 끄덕이며 말했다.

"내가 이미 너를 위해 내일 비행기 표를 예매해놨어."

다음 날 제니는 비행기를 타고 뉴욕 브로드웨이로 갔다. 때마침 당시 브로드웨이의 제작자들은 한창 고정적인 레퍼토리를 준비하고 있었는데 이 드라마의 여주인공은 그야말로 제니를 위해 만들어진 것 같았다. 제니는 곧장 그 역할에 지원했고 면접을 보게 되었다. 마침내 여러 경쟁자를 물리치고 그녀는 이 역할을 따냈고, 성공적으로 브로드웨이에 진출할 수 있었다.

성공을 향한 첫걸음은 꿈이 아니라 '행동'이다. 만약 우리가 어떤 일을 할 계획이라면 가장 좋은 방법은 그 일을 즉시 시작하는 것이다. 어떤 꿈을 꾸든 그것을 행동으로 옮기기 전에는 그저 꿈일 뿐이고 어쩌면 1년 후 우리의 꿈은 바뀔 수도 있다.

그러나 우리가 일단 행동하기만 하면, 혼신의 힘을 다해 몰입하게 된다. 또한, 몰입할수록 그 꿈을 지키겠다는 결심이 확고해지고 꿈을 이룰 기회는 더욱 커진다.

별난 심리연구소

'자이가르닉 효과'는 '이미 시작했지만 완성하지 못한 일'을 우리가 가장 마음에 두고 잊지 못한다고 말한다. 이왕이면 가능한 한 빨리 첫걸음을 내딛어 보자. 일단 첫걸음을 내디디면 우리가 가는 길을 막을 수 있는 사람은 아무도 없다!

너의 스승이 아닌
진리에 복종하라

권위 효과

'권위 효과'는 지위가 높고 권위가 있으며 존경을 받는 인물이 있다면 그가 한 말은 다른 사람의 주의를 끌기 쉽고 사람들이 그의 정확성과 권위성에 신뢰를 갖는 것을 말한다. 이러한 '권위 효과'는 어디에서나 볼 수 있다. 그 예로 많은 항공 사고에서 발생하는 실수를 들 수 있다.

소련 역사상 심각한 비행기 사고가 발생한 적이 있다. 당시 공군 중장이었던 우토르 엔트가 비행 임무를 맡았는데 그의 부조종사가 비행 전에 탈이 나고 말았다. 본부에서는 그를 위해 부조종사 한 명을 임시로 대기시켰다. 이 부조종사는 이전에 단 한 번도 엔트와 합을 맞춰 본 적이 없었다. 그는 이번에 전설적인 기장의 조수가 된 것을 매우 영광스럽게 생각했다. 비행 중 엔트는 평소처럼 노래를 흥얼거리고 고개를 흔들며 리듬을 타고 있었다. 임시 부조종사는 엔트의 동작을 보고 비행기를 높이 띄우라는 신호로 오해했다. 당시 비행기는 아직 비행할 수 있는 속도에 도달하지 않았지만 부조종사는 조종 스틱을 밀어 올렸다. 그 결과 비행기의 중심 부분이 땅에 부딪혔고 프로펠러의 한 부분이 엔트의 등에 날아들었다. 결국 이 공군 중장은 평생 마비 상태로 지내야 했다.

사고 후, 한 사람이 부조종사에게 물었다. "당시 당신은 분명히 그렇게 하면 안 되는 줄 알면서도 왜 조종 스틱을 밀어 올렸나요?" 그는 대답했다. "저는 중장님이 저보고 그렇게 하라고 한 줄 알았습니다. 저는 중장님이 실수할 리 없다고 굳게 믿었습니다."

이처럼 경험이 풍부했던 부조종사는 공군 중장의 지령을 오해해 신입조차 하지 않는 실수를 저질렀다. 이는 권위 효과가 구체적으로 실현된 것을 보여 주는 예시다.

권위 효과의 주요 원인은 사람의 '안전 심리'에 있다. 사람들은 언제나 권위자는 항상 정확한 모범이 되며 그들에게 복종하는 것은 스스로 안정감을 느끼게 한다고 생각한다. 또한, 이로 인해 '틀림이 없다'라는 안전계수가 증가한다. 또 다른 주요 원인은 일종의 '칭찬

심리'에 있다. 사람들은 언제나 권위자의 요구와 사회 규범은 서로 일치한다고 생각하며 권위자의 요구에 따라 행동하면 여러 방면에서 칭찬과 격려를 받을 수 있다고 생각한다.

부인할 수 없이, 권위자가 만드는 '권위'는 그들의 능력이 보통 사람보다 강하기 때문에 부여된다. 그러나 우리는 사실 권위자 역시 사람이고 그들은 많든 적든 시대와 조건의 한계를 겪을 수밖에 없다는 것을 명백히 알아야 한다. 만약 우리가 이 점을 인식하지 않고 권위자의 말만 듣고 따른다면 앞으로 더 나아갈 수 없다. 심지어 위 이야기에 나오는 엔트 중장의 부조종사처럼 아주 초보적인 실수를 범할 수도 있다.

권위 효과는 흔하게 볼 수 있는 심리 현상이며 그 자체가 좋고 나쁜지를 떠나 어떻게 운용되는지가 중요하다. 적절하게 운용되면 긍정적으로 작용할 것이고, 부적절하게 운용되면 부정적인 영향을 가져올 것이다.

그렇다면 우리는 어떻게 권위 효과의 부정적 영향을 없앨 수 있을까?

유명한 지휘자인 오자와 세이지는 세계적인 지휘자 대회의 결승전에서 심사위원이 준 악보대로 악단의 연주를 지휘했다. 지휘 과정 중 그는 어디선가 불협화음이 나온다는 생각이 들었다. 처음 오자와는 악단이 잘못 연주한 줄 알고 멈춰 서서 다시 연주하게 했지만 그대로였다. 그래서 그는 악보에 문제가 있는 거라고 생각했다.

그는 바로 심사위원을 향해 이 문제를 제기했다. 그러나 그 자리에 있던 모든 심사위원은 악보에는 절대 문제가 없다는 입장이었다. 그들은 만약 불협화음이 있다면 그것은 그의 지휘에 문제가 있는 것이라고 말했다. 세계적인 음악 대가들로 구성된 권위 있는 심사위원들을 앞에 두고 그는 한참 동안 고개를 숙였다. 얼마 후, 마침내 그는 고개를 들어 결단성 있고 단호한 목소리로 말했다.

"아닙니다! 분명히 악보가 틀린 겁니다!"

그의 말이 채 끝나기도 전에 심사위원들은 그에게 우승을 축하하는 열렬한 박수갈채를 보냈다. 원래 이는 심사위원들이 정성 들여 설계한 함정으로 이를 통해 지휘자가 연주에 자기만의 철학이 있는지 점검하고자 함이었다. 또한, 권위자가 부정하는 상황에서 계속 자신의 주장을 유지할 수 있는지를 알아보기 위함이었다.

오자와는 권위에 맹목적으로 따르지 않았고 자기 생각을 지켰다. 여기서 우리는 알 수 있다. 권위 효과의 부정적 영향을 없애려면 먼저 자신의 능력에 대해 충분한 자신감이 있어야 한다는 것이다. 그 다음으로는 권위를 믿되 맹목적으로 따르지 않도록 비판적 사고 능력을 기르는 것이 필요하다.

고대 그리스의 위대한 철학가인 아리스토텔레스는 이렇게 말했다.

"나는 나의 스승을 사랑하지만 진리를 더 사랑한다."

이는 우리가 '권위 효과'에 대해 지켜야 할 정확한 태도를 말해준다.

우리는 계속 의문을 품고 의심하는 정신을 유지해야 권위에 대한 맹목적인 미신을 막을 수 있다. 또한, 자신감이 가득하면 공개적으로 권위에 도전할 수 있는 용기도 생긴다.

침묵할 줄 알아야 좋은 소통을 할 수 있다

굿맨 효과

'굿맨 효과' 또는 '침묵 효과'는 미국 캘리포니아대학교 심리학 교수인 굿맨Goodman에 의해 처음 제기된 이론이다. 굿맨은 "침묵은 말하는 것과 듣는 것을 조절한다. 대화에서 침묵이 하는 역할은 수학에서의 제로zero 역할에 해당한다. 비록 제로이지만 이는 아주 중요하다. 침묵 없이는 어떤 교류도 할 수 없다."라고 말했다.

굿맨은 역사상 많은 정치와 기업 분야 명사들을 연구했다. 그는 특히 프랑스 왕 루이 14세의 습관 하나를 강조하며 자신의 이론을 설명했다.

루이 14세는 어떤 정치적 견해 때문에 신하들이 옥신각신 다투는 걸 볼 때마다 한쪽에 단정히 앉아 아무 소리도 내지 않고 가만히 듣고만 있었다. 그렇게 오랜 시간이 흘러 다툼이 끝날 때까지 기다린 후 그는 가타부타 말없이 그저 "고려해 보겠소."라고 말한 후 그 자리를 떠났다. 오랫동안 "고려해 보겠소."라는 말은 루이 14세가 여러 가지 문제에 대응하는 전형적인 대답이 되었다. 또한, 그의 과묵함은 대신들에게 그의 진짜 의도를 알아차리지 못하게 만들었고, 대신들은 그저 두렵고 불안하여 그의 명령에 따를 수밖에 없었다.

이처럼 루이 14세는 적당히 침묵함으로써 그의 권위를 굳혔고 프랑스의 중앙 집권도 그의 손에서 절정에 달했다. 루이 14세를 극도로 싫어했던 성 시몬 공작조차 인정할 수밖에 없어 이렇게 표현했다.

"그는 기적을 만들었습니다. 그의 위상 역시 침묵으로 인해 더 높아졌습니다."

대인관계에서 자신의 관점을 표현하는 것은 필요하다. 그러나 대부분의 경우 적당한 침묵은 목이 터지게 다투는 논쟁보다 더 쉽게 두려움을 불러일으키는 효과가 있고, 나아가 상대방을 믿고 복종하게 만들 수 있다. 침묵을 아는 사람은 의사소통 중에 조용히 브레이크를 걸 수 있다. 또한, 침묵으로 자신의 진짜 생각과 의도를 숨김으로써 시기가 무르익을 때 한 번에 주도권을 잡을 수도 있다.

말로 상대를 억누르고자 하면 말할수록 그 의도가 탄로 날 가능성이 크다. 그러나 적당히 침묵함으로써 더욱 효과적으로 자신의 신체 언어를 통제하고, 상대에게 자신의 의도를 알아차릴 수 없게 만든다.

침착하지 못한 사람은 늘 냉정한 사람 앞에서 실패하고 만다. 그 이유는 그들은 너무 급하게 표현하고 자신이 처한 상황과 위치를 고려할 시간 없이 결국 자신의 약점을 노출하기 때문이다.

당연히 일상생활에서 이렇게 서로 아옹다옹하며 싸우는 상황은 많지 않다. 그러나 어디서든 누구와 소통하든 가장 효과적인 방법은 침묵이다.

미국의 연설가 데일 카네기는 옷을 하나 샀는데 색이 바랬다는 것을 뒤늦게 알아차렸다. 그는 가게로 가서 옷을 환불받고자 했다. 그가 이 옷의 문제를 판매원한테 말하자 오히려 판매원은 이렇게 말했다. "저는 이런 옷을 수천 개 팔았지만, 당신처럼 까다로운 고객은 선생님이 처음입니다. 저희는 환불해 드릴 수 없습니다. 마음에 들지 않으면 다른 옷으로 바꾸세요."

카네기는 판매원의 이런 못된 태도를 받아들일 수 없었다. 그는 판매원과 격렬히 논쟁을 벌였다. 이어서 다른 판매원이 끼어들며 말했다. "모든 검정 옷은 처음에는 색이 바랜 것처럼 보이지만 이건 어쩔 수 없습니다. 며칠 입으면 다시 괜찮아질 거예요."

그러나 이 말은 카네기를 더욱 화나게 만들었고 그는 참다못해 욕을 퍼붓기 시작했다. 이때 그들의 사장이 다가와 카네기와 상의하며 이 문제를 해결했다.

카네기는 이에 대해 다음과 같이 말했다.

"사장은 몹시 화가 난 고객을 만족하는 고객으로 만들었습니다. 이분은 진정으로 소통의 예술을 아는 분이에요."

사장은 어떻게 카네기를 만족시킨 걸까? 사실 그는 어떤 말도 하지 않고 그저 조용히 카네기가 까다롭게 옷의 품질 문제에 대해 말하는 것을 듣고 있었을 뿐이었다. 카네기가 다 말할 때까지 기다렸다가 그는 비로소 입을 열었다.

먼저 그는 왜 빛이 바랬는지 모르겠다는 것을 인정했고, 다시 카네기에게 물었다. "고객님은 제가 이 옷을 어떻게 처리하길 원하시나요? 어떤 요구를 하시든 다 받아들이겠습니다."

이 말을 들은 후 카네기의 분노는 점차 사라졌고 원래 그가 이 옷을 환불받으려던 마음도 사라졌다. 그는 대답했다. "이런 현상이 일시적으로 나타나는 건지 아닌지, 이 문제를 잘 해결할 수 있는 방법에는 어떤 게 있는지, 저는 단지 이런 것들만 알면 됩니다." 그 후 사장은 카네기에게 한 주 동안만 더 옷을 입어볼 것을 권했다. 만약 그때까지도 여전히 불만족스럽다면 그가 만족할 수 있도록 옷을 바꿔 주겠다고 했다.

다시 생각해 보면, 사장의 건의와 두 판매원이 한 건의는 전혀 다를 것이 없다. 그런데 사장은 오히려 카네기가 '만족하며 이 상점에서 나가도록' 만들었다.

일주일 후 카네기는 이 옷에 아무런 문제가 없다는 사실을 발견했다. 따라서 그 가게에 대한 신임 역시 완전히 회복될 수 있었다.

사장의 의사소통 예술은 어디서 구현된 것일까? 관건은 침묵에 있었다. 그는 말하는 대신 들음으로써 카네기가 마음껏 자신의 불만을 말하게 하고, 모든 부정적인 감정을 풀 수 있게 만들었다. 그런 다음 카네기의 말에 따라 그가 받아들일 수 있는 해결 방안을 제시했다.

침묵과 경청은 연결되어 있다. 따라서 경청할 줄 모르면 사람들과 효과적으로 소통할 수 없고 침묵할 줄 모르면 다른 사람의 말을 효과적으로 경청할 수 없다. 많은 사람이 타인에게 좋은 인상을 주고 싶어하지만 이는 말처럼 쉽지 않다. 그 이유는 그들이 침묵할 줄 모르고 주의 깊게 경청하지 않기 때문이다. 그들은 단지 자신이 말하는 것에만 관심 있고 상대가 뭘 말하고 싶은지에는 관심이 없다. 이런 식의 의사소통은 서로 다른 언어로 말하는 '쌍방향의 연설'일 뿐 진정한 의사소통이라 할 수 없다.

'워커홀릭'은
명백한 질병이다

일 중독 증후군

일찍이 '워커홀릭'이라는 말에는 긍정적인 의미가 들어 있었다. '워커홀릭'은 강한 책임감으로 사람들에게 모방하고 싶은 본보기가 되는 것을 의미했다. 그러나 최근의 심리학 연구는 '워커홀릭'과 같은 일 중독자가 점점 심리적 질병이 되고 있다는 것을 보여 준다. 다시 말해 이러한 사람들은 표창할 가치가 없을 뿐만 아니라 오히려 심리 치료가 필요하다는 것이다.

심리학에서는 '워커홀릭'을 '일 중독 증후군'이라 부르고 학문상으로는 '병적으로 일을 강요한다'라고 말한다. 이러한 개념은 1997년 마쓰모토 교수가 처음 제기하였다. 마쓰모토 교수는 '일 중독자'

란 일에 대한 과도한 의존으로 인해 일반적으로 한도를 초과하는 일을 함으로써 스스로 심리적 만족감을 얻는 사람이라고 말했다. 이러한 의존이 통제력을 잃으면 그것은 곧 일 중독이 되고 사람들에게 거대한 악영향을 끼칠 수 있다.

현재 '일 중독 증후군'은 이미 공식적으로 규정된 심리적 질병으로 여겨져 진단 체계에 포함되어 있다. 그것의 구조는 마약 중독과 같다. 마약은 '엔돌핀'이라는 물질의 분비를 자극해 단시간에 사람들을 흥분시킨다. 강도 높은 작업이 가져오는 보상 심리는 엔돌핀 분비를 자극하고 사람들에게 병적인 쾌감을 가져다준다.

여기서 알아야 할 점은 일반적으로 일에 열정을 가지고 있는 사람과 일 중독자는 질적으로 차이가 있다는 것이다. 전자는 자기 일을 매우 좋아해 일하면서 큰 성취감을 얻는다. 그러나 일 중독자는 일을 심리적 쾌감을 얻는 도구로 삼을 뿐 결코 일 자체를 사랑하는 것이 아니다. 그렇기 때문에 일에서 즐거움을 얻기 어렵다. 그들은 단지 필사적으로 초과근무를 함으로써 해방된 기쁨 같은 심리를 얻을 뿐이다.

다시 말해 일에 대해 열성이 있는 사람이 추구하는 것은 일의 결과와 그 결과가 가져오는 성취감이다. 그러나 일 중독자가 추구하는 것은 일의 과정일 뿐이다. 그들은 늘 결점을 억지로 찾아 모든 일을 완벽하게 하도록 스스로를 강요한다. 또한, 문제가 생기거나 잘못되면 부끄러워하고 초조해하면서도 다른 사람의 도움은 거절한다. 이러한 상황에서 일 중독자의 일은 점점 많아지고 일의 성과는 점점 떨어진다.

일 중독 증후군이 가져오는 가장 큰 폐해는 심신 건강을 극도로 소모시킨다는 것이다. 과도한 일은 건강에 큰 피해를 줄 수 있다. 지나치게 담배를 피우거나, 과음하거나, 지나치게 놀거나 아니면 지나치게 쉬거나 하는 모든 것은 건강을 해친다. 무엇보다 일 중독 증후군이 무서운 이유는 과도한 일의 행위가 '노력해야 성공할 수 있다'는 주된 가치관에 포장되어 있다는 것이다. 지나치게 담배를 피우는 행동이 좋다고 여기는 사람은 없다. 그러나 많은 사람이 고강도의 일은 고액의 보답을 가져온다고 믿는다.

좋은 약으로 위장한 독약이 무섭듯이 '진취심'으로 포장된 일 중독 증후군 역시 상당히 무서운 질병이다. 대부분의 일 중독자들은 한 가지 공통점이 있는데, 그들은 고강도의 일을 통해 자신을 속이며 스스로 자신을 주된 가치관에 부합하는 '성공한 인사'라고 믿는다.

어떻게 하면 진취심과 일 중독자 사이에서 균형점을 찾을 수 있을까? 또한, 전력을 다해 싸우는 정신을 유지하면서도 일에 중독되는 병적인 태도에 빠지지 않을 수 있을까? 심리학자들은 다음과 같은 몇 가지 조언을 했다.

첫 번째, 바쁜 가운데 빈둥거리는 즐거움을 누려라. 일 중독자는 가장 먼저 '게으름 피우기'를 배워야 한다. 긴장과 이완의 정도를 아는 것은 생명의 지혜라 할 수 있다. 한가로움과 일하는 것이 모순되지 않게, 일할 때는 열심히 일하고 쉴 때는 푹 쉬어야 한다. 그러나 대부분의 사람들에게는 쉴 시간이 많지 않기 때문에 바쁜 가운데 여유로움을 찾아 팽팽한 줄을 느슨하게 풀 줄 알아야 한다. 긴장을 푸는 것은 방임하는 것이 아니라 기운찬 정신과 굳센 기세를 갈고닦으며 더 빠른 속도로 달리기 위해 잠시 쉬는 것이다.

두 번째, 일할 때 하는 실속 없는 말을 고쳐야 한다. 예를 들면 "내가 열심히 일하는 것은 내 아이들과 아내, 부모님을 더 잘 살게 하려는 거야." 등이 있다. 바로 이런 입버릇은 일 중독자들을 '나는 일하지 않을 수 없어.'라는 심리적 한계에 빠지게 하고 한가해지면 무거운 죄책감을 느끼게 만든다. 따라서 어쩔 수 없이 고강도의 일을 할 때는 입버릇을 이렇게 고치는 게 좋다.

"이 얼마나 가치 있는 일인가! 나는 반드시 이 일을 잘할 수 있을 거야."

세 번째, 자신의 인지를 조절해라. 많은 일 중독자들의 출발점은 대부분 스스로 책임감이 강하다고 믿는 데서 시작한다. 동시에 타인이 자신에게 갖는 기대 역시 마찬가지라고 믿기 때문에 일을 자신의 인생 가치를 표현하는 유일한 수단으로 여긴다.

별난 심리연구소

지구는 누군가가 없어도 평상시처럼 돌아간다. 일 중독자들이 짊어지고 있는 높은 기대의 압력은 사실 잘못된 자아 인지에서 온 것이다. 내가 없어도 될 일, 내가 하지 않아도 될 일은 무궁무진하다. 이런 여유로움을 가지고 업무를 대해야 일과 삶의 균형을 이룰 수 있다. 세상에 즐길 것들은 너무나도 많다. 우리가 태어난 것은 우리의 삶을 즐기기 위해서다. 누군가를 위해 내 삶을 희생하기 위해서가 아니다.

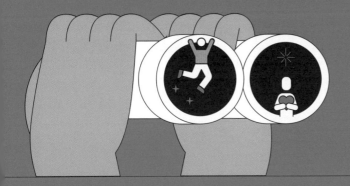

PART 12

삶을 지지하는
성공을 만나다

회사에는 왜 늘 무능력한 상사만 있는 걸까?

피터의 원리

'피터의 원리Peter principle'는 관리심리학의 한 현상으로 미국의 학자 로렌스 피터Laurence J. Peter가 처음 제기한 이론이다. '피터의 원리'는 고용인을 항상 그 직무에 적합하지 않은 지위로 승진시키는 현상을 말한다. 피터는 그의 저서에서 "수직적인 계층조직 내에서는 모든 직원이 경쟁력 없는 직책으로 승진하는 경향이 있으며, 다수의 직책이 그 역할에 맞지 않는 직원들로 채워지는 경향이 있다. 결과적으로 직무수행 능력이 부족한 직원들이 맞지 않는 직책을 담당하게 된다."라고 말했다.

로렌스 피터의 연구 자료 중 전형적인 예시가 있다.

자동차 수리 회사의 견습생인 잭은 매우 똑똑하고 배우는 것을 좋아했다. 그래서 그는 곧 정식 정비사로 채용되었다. 이 직책 덕분에 잭은 기계 수리에 대한 자신의 천부적인 재능을 크게 발휘할 수 있었다. 또한, 짧은 탐색을 통해 그는 곧 스승도 해결할 수 없는 많은 자동차의 고장 원인을 찾아내고 수리할 수 있게 되었다. 얼마 지나지 않아 잭은 다시 이 정비소의 반장으로 승진했다.

그러나 반장의 직책에서 잭은 발전의 한계에 부딪힌 것처럼 보였다. 그의 관리하에 있는 정비소에는 늘 끝내지 못한 일들이 쌓였고, 작업장은 늘 엉망진창이 되어 차를 옮기는 시간이 자주 지연되곤 했다.

이것은 무엇 때문일까? 정비소의 업무가 아무리 바빠도 원래 그는 항상 직접 정비 업무에 참여했고 완전히 만족할 때까지 절대로 손을 떼지 않았다. 하지만 그는 전면적인 계획을 세우고 총괄하는 능력은 부족한 듯 보였다. 그가 직접 차를 수리하는 동안 원래 그 차를 수리하던 직원은 옆에 서서 아무 일도 하지 않았는데 그 이유는 잭이 그에게 새로운 임무를 지시하지 않았기 때문이다.

잭이 늘 입버릇처럼 하는 말이 있었다. "어쨌든 우린 일을 잘해야 하잖아!" 기계에 대한 그의 애정과 뭐든지 최선을 다하려는 자세는 정비사라는 직책에서는 확실히 빛을 발했다. 그러나 관리 직책에서는 이 장점이 단점이 되었다. 그는 단지 수리 기술만 알 뿐 고객의 수요와 관리 기술에 대해서는 잘 알지 못했고, 그의 고객과 부하 직원들을 적절히 관리하지 못했다. 이런 이유로 자동차 수리 회사는 뛰어난 기계공을 잃고 무능한 관리자만 얻은 셈이 되었다.

이처럼 기술직에서 관리직으로의 승진은 대부분 조직에서 자주 일어나는 현상이다. 대부분 회사는 임금, 상여금, 직함, 승진을 직원들의 직장 내 위치와 연계하기 때문에 직원의 위치가 높을수록 그에 따른 대우 역시 더 좋아진다. 그러나 이렇게 쉽고 직접적인 동기부여 패턴은 오히려 회사를 피터의 원리라는 함정에 빠지게 하고 조직과 개인 모두에게 큰 손해를 입힌다.

이외에도 피터의 원리는 어떤 기업이든 성장하는 과정에서 직면할 수 있는 문제를 지적한다. 그것은 바로 '불필요한 인원'이다. 이러한 현상에 대해 영국의 사회이론가 노스코트 파킨슨C. Northcote Parkinson은 하나의 가설을 제기했다. 그는 조직의 고위직이 분열과 정복을 위한 책략으로 조직의 효율성을 고의로 떨어뜨리고 자신의 권세를 높인다고 생각했다. 이러한 관점은 '피라미드를 기어오르다'라고도 불리며 오랫동안 주류 관점으로 자리 잡았고 기업의 불필요한 인원 현상을 해석하는 데 이용되었다.

그러나 로렌스 피터는 조직에서 승진과 관련된 현상을 연구한 후 뚜렷하게 다른 이유 하나를 도출했다. 불필요한 인원의 증가 현상의 배후에 있는 모두가 내심 높은 효율을 추구하지만 이를 위해서는 대다수 관리자가 그들이 감당할 수 없는 계층으로 올라갈 수밖에 없기 때문이라는 것이다. 또한, 이 사람들은 현재 관할하는 영역을 더 이상 조종할 수 없기 때문에 효율성을 높이려면 더 많은 직원을 고용해야 한다고 생각했다. 직원의 증가는 효율성을 일시적으로 높일 수 있을지도 모른다. 그러나 새롭게 들어온 직원들 역시 결국 승진으로 인해 감당할 수 없는 계층에 도달하게 된다. 따라서 이를 개선할 수 있는 유일한 방법은 다시 고용을 늘리는 것뿐이다. 이로 인해 악순환이 발생한다.

관리의 대가 피터 드러커Peter F. Drucker는 기업이 인원과 기구를 간소화하는 정책이 얼마나 중요한지 여러 번 강조했다. 그의 저서 『새로운 분야를 관리해라: 내일의 의사결정은 오늘에 달려 있다』에서 드러커는 이렇게 말했다.

> "인원을 보충하는 것에 대해 내부의 동의를 받지 못한다면 차라리 이 직위를 없애는 편이 더 낫다."

그는 조직 구조가 비대해지는 것을 막기 위한 가장 효과적인 방법은 인원수를 줄이는 것이라고 생각했다. 피터의 원리에 근거하여 인원을 줄이는 가장 좋은 방법은 바로 적임자를 적합한 직책에 배치하고 모든 사람이 최대 가치를 발휘하게 하는 것이다.

별난 심리연구소

빌 게이츠는 일찍이 이렇게 말한 적이 있다.

"만약 우리의 최고급 인재 20명을 스카우트해 간다면 마이크로소프트사는 보잘것없는 회사로 변해 버릴 겁니다."

빌 게이츠는 한 회사가 발전하는 데 핵심 경쟁력은 최고급 인재에 있다고 믿었다. 최고급 인재를 적합한 위치에 배치하면, 그들 개인이 창조한 가치는 백 명의 가치와 맞먹는다. 그러나 만약 최고급 인재를 잘못된 위치에 배치하면, 특히 비합리적인 승진 제도로 인해 그들이 감당하기 어려운 직무의 관리직으로 승진한다면 최고급 인재들은 원래 그 사람 하나면 할 수 있었던 일을 해내기 위해 다시 백 명의 직원을 고용하게 된다. 이것이야말로 득보다 실이 많은 경우다.

외적 대가와 내적 대가의 균형을 유지하라

예고된 대가

1971년 심리학자 에드워드 데시Edward L. Deci는 유명한 실험 하나를 진행했다. 그는 무작위로 학생들을 선발해 재미는 있지만 어려운 문제를 혼자서 풀게 했다. 이 실험은 세 가지 단계로 나뉘었다.

첫 번째 단계에서 학생들은 문제를 푼 후 아무런 성과급도 받지 않았다.

두 번째 단계에서 학생들은 성과급이 있는 그룹과 없는 그룹으로 나뉘었다. 성과급이 있는 그룹의 학생들은 난제를 풀 때마다 1달러씩 성과급을 받았다. 성과급이 없는 그룹의 학생들은 여전히 처음처럼 문제를 풀며 성과급을 받지 않았다.

세 번째 단계에서 학생들은 원래의 자리에서 자유롭게 휴식 시간을 보냈다.

그 후 데시의 연구원들은 지속적으로 학생들의 행동을 관찰했고 성과급을 받은 학생들이 두 번째 단계에서는 확실히 노력하나 세 번째 단계에서는 거의 문제를 풀지 않는다는 사실을 발견했다. 또한, 오히려 성과급을 받지 않은 그룹의 학생들은 쉬는 시간에도 계속해서 문제를 풀고 있는 사실을 발견했다.

이를 통해 데시는 어떤 상황에서 사람들이 외적인 대가와 내적인 대가를 동시에 받을 때, 일의 동기는 증가하지 않고 오히려 일의 동기를 떨어뜨린다는 결론을 내릴 수 있었다.

즉, 사람들이 어떤 일에 대해 흥미를 갖게(내적인 대가) 할 때, 만약 동시에 물질적인 성과급(외적인 대가)을 제공하면 오히려 사람들의 흥미를 떨어뜨린다는 것이다. 이에 따라 이 이론은 '예고된 대가'라고 불리게 되었다.

'예고된 대가'의 중요 원인 중 첫 번째는 바로 외적인 대가와 내적인 대가에는 호환성이 없다는 것이다. 사람들은 자신의 흥미, 취미 혹은 성취감 등 내적인 대가를 위해 노력할 때 이 일이 순전히 자신을 위한 일이며 자신을 기쁘게 하는 게 가장 가치 있는 일이라고 믿는다.

그러나 사람들이 물질적인 성과급 등 외적인 대가를 얻을 때는 개인의 이해득실만 따지게 된다. 따라서 자신이 노력한 대가를 받지 못할까 봐 두려워하고 심지어 이 대가가 자신의 노력에 맞지 않는다고 생각한다.

두 번째 원인 역시 중요하다. 그들의 동기부여는 스스로를 즐겁게 하는 것에서 점차 보수를 받는 것(외부 평가 체계)으로 바뀐다. 당사자가 깨닫지 못하더라도 이러한 동기 전환은 일차적인 물질적 성과급을 통해 점점 더 잠재의식 속에 자리 잡는다. 결국 '자의적인 것'에서 '타의적인 것'으로 바뀌며 흥미 역시 자연스럽게 사라지고 만다. 결국 예고된 대가는 자발적 동기를 저해시킨다.

예고된 대가를 완벽하게 설명하는 이야기가 있다.

한 무리의 아이들이 노인의 집 앞에서 장난을 치며 떠들고 있었다. 더는 참기 힘들었던 노인은 밖으로 나가 모든 아이에게 25센트씩 주며 말했다. "너희들 덕분에 이곳이 아주 시끌벅적한 것이 생기를 찾았구나. 너희 덕분에 내가 아주 젊어진 기분이야. 너희들이 계속 여기서 놀아 준다면 매일 너희들에게 돈을 주고 감사를 전할 거야."

당연히 아이들은 아주 기뻤고 다음 날에도 변함없이 노인의 집 앞으로 와 장난치며 떠들었다. 이번에 노인은 밖으로 나가 아이들에게 15센트씩 나누어 주며 미안하지만 남아 있는 돈이 많지 않아 앞으로는 조금밖에 줄 수 없다고 말했다. 그러자 아이들은 실망한 표정을 지었다. 셋째 날, 노인은 아이들에게 5센트씩 나누어 주었다. 그리고 넷째 날, 아이들이 여전히 노인의 집 앞에서 장난치며 떠들었지만, 노인은 나오지 않았고 아이들은 1센트도 받지 못했다. 아이들은 매우 화가 나 다시는 이곳을 떠들썩하게 만들지 않겠다고 맹세했다. 그 후 아이들은 정말로 다시 노인의 집 앞을 찾지 않았다.

이 이야기 속에서 노인은 성공적으로 내적인 대가(놀 때 느끼는 유쾌감)를 외적인 대가(직접 돈을 주는 것)로 전환했다. 이로 인해 아이들이 즐거워하던 놀이는 외적인 대가가 있는 일로 바뀌었다. 결국 아이들은 흥미를 잃었고 대가가 없어지자 그곳에서 놀 동기마저 잃고 말았다.

이 이야기는 예고된 대가를 통해 사람의 마음을 조종하는 전형적인 사례다. 그러나 기업관리 분야에서 예고된 대가는 부정적인 작용을 발휘하기도 한다.

우리는 많은 기업이 급여 체계를 통해 직원들에게 동기를 부여하는 것을 본다. 그러나 급여는 전형적인 외적 대가로써 자칫하면 예고된 대가를 촉발해 오히려 직원들의 주도성에 부정적 영향을 미칠 수 있다.

스티브 잡스가 쿡에게 애플에 들어올 것을 강력히 요청하며 했던 말이 있다.

"자네는 시럽만 계속 팔고 싶은가 아니면 나와 함께 세상을 바꾸고 싶은가?"

특히 시대를 앞서가는 IT 기업들은 '세상을 바꾼다'는 비전과 문제 해결을 즐거움으로 여기는 괴짜 문화를 조성해 직원들을 격려하는 주요 수단으로 삼을 수 있다. 이와 동시에 동종업계의 평균 임금보다 적지 않은 임금과 복지로 직원들의 뒷걱정을 해결해 줄 수도 있다. 또한, '일은 흥미를 위한 것이고 임금을 받는 것은 단지 더 나은 삶을 위한 것'이라는 분위기를 조성하며 진정으로 내적 대가와 외적 대가의 균형을 달성할 수 있게 할 수 있을 것이다.

구글 CEO에게 성공을 조공해도 구글을 택하는 이유

무가치 법칙

'무가치 법칙Worthless law'은 매우 직관적인 표현으로 '가치 없는 일은 잘할 필요가 없다'라는 뜻이다. 이는 관리심리학 중 매우 전형적인 법칙으로 사람들의 심리를 반영한다. 즉, 누군가 스스로 잘할 가치가 없는 일이라고 생각이 되면 그 일에 대해 냉소적이고 무성의한 태도를 보인다는 것이다. 또한, 일에 대한 성공률 역시 줄어들고 성공하더라도 큰 성취감을 느낄 수 없게 된다.

이것은 간단해 보이지만 사실 절대 뒤엎을 수 없는 진리를 반영한다. 바로 강압적인 수단이나 돈으로 부하 직원들을 이끌지 말고 직원들이 마음속으로 원해서 일을 하게 만들어야 한다는 것이다.

유명한 효율성 전문가 스티븐 코비Stephen Covey는 이렇게 말했다.

"모든 사람은 좋은 급여와 연말 성과급, 주식 배당금을 원하는
데, 진정한 격려는 결코 돈에만 의존하지 않는다. 또한, 그들
스스로 목표가 있다고 생각하게 하려면 그들이 하는 일이 가
치 있다는 사실을 알려 줘야 한다. 서로에게 똑같이 중요한 일
을 하는 것이야말로 진짜 동기부여가 되고, 이는 그들의 무한
한 잠재 능력을 북돋우는 기점이 될 수 있다."

많은 사람이 구글에서 일하는 직원들에게 건네는 질문이 있다.
"당신은 왜 구글에 남았나요?" 직원들 역시 자기 자신에게 이렇게
묻곤 한다. 이 질문에 대한 대답은 매우 간단하다. 구글에는 직원들
이 일상적인 업무에서 성취감을 얻을 기회가 많기 때문이다. 비록
누군가 "성취감만 당신 것이고 성공은 래리 페이지(구글의 창업자)가
갖는 거지."라고 농담을 하더라도 구글의 직원들은 여전히 이런 일
을 할 수 있다는 데 자부심과 만족을 느낄 것이다.

이는 구글의 지도자가 각종 수단을 통해 직원들이 구글에서 자신
의 총명함과 지혜를 충분히 발휘할 수 있도록 느끼게 했기 때문이
다. 그중 제일 중요한 한 가지는 모든 직원이 그들의 재능과 노력이
어떻게 제품에 녹아들고 이 제품을 전 세계 사람들이 어떻게 사용

하는지를 볼 수 있도록 한 것이다. 이로 인해 생긴 성취감은 직원들이 더 열심히 일하도록 부추기기에 충분했고 그들은 기꺼이 세상을 '바꿀 수' 있었다.

미국의 심리학자 마르스는 자신이 존중받고 인정받고 싶은 심리가 인류의 가장 보편적인 심리 욕구라고 생각했다. 자신이 하는 일이 회사에 가치 있고, 세상에 가치 있고, 심지어 전 인류에게 가치 있다고 느낀다면 직원들은 무슨 일이든 하고자 할 것이다.

다시 말해 직원을 격려하는 비결은 바로 자신이 하는 모든 일이 가치 있다고 느끼게 하는 데 있다. 관리자들이 부하 직원에게 '할 만한 가치가 있는 일'이라는 마음가짐을 심어줄수록 부하 직원이 관리자들에게 주는 피드백은 더 적극적이고, 일이 가져오는 성과 역시 더 뚜렷해질 것이다.

부하 직원에게 그들의 일이 중요하다고 직접적으로 말하는 방법 외에도 그 일이 '할 만한 가치가 있는 일'이라고 생각하게 만드는 요인은 바로 일의 도전성에 있다. 피터 드러커는 도전적이지만 노력을 통해 감당할 수 있는 일은 인간의 적극성을 가장 잘 자극한다고 말했다. 평범한 걸 좋아하는 사람은 없다. 특히 젊고 재능이 넘치며 의욕 많은 직원에겐 도전적인 업무를 통해 성공에 대한 만족감을 이끌어 낼 필요가 있다. 이러한 만족감은 실제 급여를 얼마 받느냐에 대한 것보다 더욱 강력한 동기부여를 한다.

미국의 메리케이 화장품 회사는 1963년에 설립되었다. 이 회사는 최초 9명의 직원으로 시작해 지금은 전 세계적으로 20여만 명의 직원을 보유하고 있으며 연간 수십억 달러 이상의 매출을 올리는 큰 회사로 발전하였고 세계 각지에 인기 판매망을 보유하고 있다.

직원들은 자신의 일에 도전할 만한 가치가 있다고 느꼈고, 25년 판매 경력을 가진 메리케이도 성공적으로 관리자의 길에 들어서게 되었다. 관리자가 된 메리케이는 이렇게 말했다.

> "당신이 만약 한 사람에게 도전 욕구를 심어줄 수 있다면 그는 미친 듯이 기뻐하며 하늘을 찌를 듯한 열정을 보일 것이고, 마치 새끼 고양이가 큰 호랑이가 되는 것처럼 성장할 수 있을 것이다."

또한, 메리케이는 이렇게 서술한 적도 있다.

"기억나는 한 가지는, 저와 57명의 판매 사원들이 매우 매력적인 상을 하나 받은 적이 있다는 것입니다. 우리는 한 유명한 사업가의 집에 방문하여 열흘 동안 매우 힘든 판매 여행을 했습니다. 우리는 차를 집으로 삼아 야간 판매를 다녔는데 도중에 몇 대의 차에 문제가 생겼습니다. 그러나 보상에 대한 유혹은 이런 어려움과 고통을 이겨내기에 충분했습니다. 우리는 마음속으로 그 기업가를 만날 수 있기를 간절히 바랐기 때문이죠."

적절한 도전 정신은 고된 일을 보람 있게 만들고 성취감을 안겨줘 긍정적인 피드백을 만든다. 어떤 조직에서 만약 직원이 명령이나 보수 때문에 어쩔 수 없이 일해야 한다면 일에 대한 적극성은 점점 줄어들 것이다.

별난 심리연구소

'무가치 법칙'이 우리에게 말하는 것은 모든 관리자는 직원들이 자기의 일을 가치 있고 도전 있는 일로 여기도록 만들어야 한다는 점이다.

또한, 그들 스스로 자기 일을 '가치 있는 일' 또는 '반드시 해야 할 일'로 여기도록 만드는 것이다. 이를 통해 그들이 더 뛰어난 행동을 하도록 격려하고 회사의 목표를 달성하기 위해 최선을 다하도록 만들 수 있을 것이다.

어쩌면 월급보다
더 중요할 사무실 전경

레이니어 효과

'레이니어 효과Rainier effect'는 미국 워싱턴대학교에서 발생한 한 분쟁에서 시작되었다. 시애틀에 자리한 워싱턴대학교는 워싱턴 호수 등 크고 작은 수역이 옹기종기 모여 있는 곳이다. 특히 시애틀 남쪽에 있는 레이니어산은 날씨가 화창할 때 학교에서 직접 산 위의 눈 덮인 능선과 흰 구름을 볼 수 있어 그곳을 바라보고 있으면 시간 가는 줄 몰랐다.

어느 날, 학교 측은 워싱턴 호숫가에 체육관을 짓기로 결정했다. 본래 이 일은 좋은 일이었지만 생각지도 못하게 교수들의 반발에 부딪히고 말았다. 교직원 식당과 레이니어산 사이에 체육관이 생기면 교직원들이 창밖의 호수와 산이 어우러진 경치를 감상하는 데 방해가 되기 때문이다.

교직원들의 저항은 매우 단호했다. 심지어 체육관이 세워지면 주저하지 않고 학교를 그만둘 것이라 주장했다. 이때 학교 측은 당시 미국 교수들의 평균 임금 수준과 비교했을 때 워싱턴대학교의 교수들 임금이 20%정도 낮다는 사실을 발견했다. 많은 교수가 다른 대학을 포기하고 워싱턴대학교에서 낮은 임금을 받고 일하는 데는 순전히 주변의 아름다운 풍경을 떠나지 못했기 때문이었다. 그런데 지금 학교 측이 이 아름다운 풍경을 망치려고 하니 자연스레 교수들은 이직을 무기 삼아 학교를 압박한 것이다. 그 결과, 학교 측은 체육관의 입지를 변경했고 교수들은 자신들의 뜻을 이룰 수 있었다.

워싱턴대학교 교수들의 임금 중 80%는 돈으로 지급되었고 20%는 아름다운 주위 풍경으로 지급되었다고 말할 수 있다. 이번 분쟁 후, 워싱턴대학교 교수들은 이러한 심리 상태를 '레이니어 효과'라고 부르기 시작했다.

레이니어 효과는 임금의 역할은 대체 가능하며 우수한 직원들을 붙잡기 위해서는 높은 임금 외에 독특한 환경 역시 중요하다는 점을 보여 준다. 환경이란 자연환경뿐만 아니라 독특한 인문 환경도 포함한다. 예를 들어, 사람을 격려하여 분발하게 하는 기업 정신은 직원들 간이나 직원과 사장 간의 사이를 화목하게 하고, 직원의 다양한 심리 욕구를 충족시킨다. 또한, 직원들이 자아 가치를 실현해 성취감을 얻고 행복감을 높일 수 있도록 돕는다.

따라서 회사는 적절한 대우뿐만 아니라 문화, 사업, 제도에 기대 우수한 직원을 붙잡는다. 즉, 기업은 직원들의 고차원적인 수요에 주목해야 한다. 하지만 이는 완전히 돈을 대체할 수는 없다.

많은 훌륭한 리더들은 자신의 기업을 화목한 '대가족'으로 만들고자 노력하고 조화로운 기업 환경, 기업 문화를 통해 기업에 대해 가지는 직원들의 정체성과 소속감을 기른다.

스펜서 회사는 영국에서 의류와 식품을 판매하는 큰 소매상 중하나다. 2001년 7월, 한 테러리스트가 스펜서 회사가 있는 지역을 공격했다. 시한폭탄은 회사를 포함해 여러 상점을 파괴하고 말았다. 다음 날 이른 아침, 그 상점의 모든 직원은 아무런 말도 하지 않았지만 약속이나 한 듯 일찍 나와 난장판이 된 상점을 정리했다. 다른 가까운 상점이 현장을 청소하기 시작했을 때 이미 스펜서 회사는 고객을 응대하며 문을 열고 정상적인 영업을 시작했다.

왜 스펜서 회사의 직원들은 회사에 이렇게 높은 충성심과 책임감을 보였을까? 그것은 바로 스펜서 회사가 늘 직원들의 복지 혜택을 중시했으며 직원들을 관심 있게 지켜봤기 때문이다. 경영진은 모든 직원을 각각 개성 있는 사람으로 존중했고, 인사 관리자는 그가 관리하는 직원들의 복지 혜택, 기술 훈련, 개인의 향상과 계발에 대해 책임을 갖고 도왔다.

스펜서 회사는 매년 거액을 들여 직원들의 보너스와 복리후생에 신경 썼는데, 이는 상당한 금액이었다. 그러나 경영자는 전혀 아까워하지 않았고 이렇게 아낌없이 베풀어 직원들에 대한 회사의 배려와 관심을 보여 주며 그들에게 감동을 줬다. 회사를 이렇게 경영해야만 높은 수익과 넉넉한 보상 역시 따른다고 생각했다. 바로 이러한 경영이념 아래, 스펜서 회사의 사업은 날로 번창할 수 있었다.

스펜서 회사의 핵심 관리이념은 직원들이 자신의 이익과 회사가 서로 밀접한 관계가 있다고 생각하는 데 있다. 즉, 회사가 번창하면 직원들의 복지 혜택은 반드시 보장된다고 생각한 것이다. 또한, 이러한 이념은 직원들의 응집력을 크게 높였는데 직위가 높든 낮든, 맡은 일이 작든 크든, 수입이 많든 적든 상관없이 모든 직원은 스펜서 회사에서 일하는 것을 자랑스럽게 여기며 회사의 이익이 곧 자신의 이익이라고 생각했다.

일본의 유명한 기업가인 마쓰시타 고노스케는 직원들에게 소속감을 주는 것은 직원들의 충성심을 얻고 기업의 응집력과 경쟁력을 증진하는 근본이라고 생각했다. 레이니어 효과에 근거해 말할 수 있는 원리는 이러한 소속감이 급여와 같은 물질적 동기부여뿐만 아니라 자연환경, 기업 환경, 업무 분위기와 같은 조건에서도 비롯된다는 것이다.

별난 심리연구소

경영 관리에서 직원의 충성심을 얻고 싶다면 동일 업종의 다른 회사를 훨씬 능가하는 급여를 주든지 아니면 근무 조건을 향상하여 직원들의 정신적 욕구를 충족시키든지 해야 한다. 그리하면 그들은 자신들의 직장이 마치 하나의 가족과 같다고 느끼며 따뜻함과 소속감을 느낄 수 있을 것이다.

당신이 기대한 그대로 그러한 사람이 된다

로젠탈 효과

　1968년 미국의 심리학자 로버트 로젠탈Robert Rosenthal 박사는 캘리포니아주에 있는 어느 초등학교에서 유명한 실험을 진행했다.

　학기 초, 로젠탈과 그의 연구진은 초등학교 1학년에서 6학년까지 각 3개 반의 학생들을 선발하여 그럴듯하게 '미래 발전 가능성을 예측하는 테스트'를 진행한다고 밝혔다. 그 후 '매우 우수한 잠재력이 있는' 학생 명단을 정리하여 교사에게 주었다. 또한, 그들은 교사들에게 이 학생들의 잠재력이 다른 학생들에 비해 우수하더라도 평소처럼 아이들을 가르치고 이 학생들이나 학부모들에게 자신들이 선발된 사실을 모르게 해달라고 부탁했다.

사실상 이 아이들은 특별히 선발된 게 아니라, 무작위로 선택되었을 뿐이다. 당연히 미래 발전 가능성을 예측하는 테스트를 통해 나온 '매우 우수한 잠재력이 있는' 학생 명단 역시 꾸며낸 것이었다.

　1년 후, 로젠탈은 이 학교로 돌아가 선발된 학생들이 모두 대단한 성장을 보인 사실을 발견했다. 심지어 그중 어떤 학생들의 기말시험 점수는 1년 전보다 몇 배나 상승했다.

　이에 따라 로젠탈은 하나의 결론을 얻었는데, 그것은 바로 학생에 대한 교사의 기대가 학생들에게 더욱 노력하여 자신을 변화시키게 만들었고 자기 자신을 보완하는 동력이 되었다는 것이다. 로젠탈은 이러한 심리 현상을 '피그말리온 효과'라고 부르기 시작했다. 심리학에서는 '로젠탈 효과' 혹은 '기대 효과'라고 부른다. 긍정적인 기대나 관심이 그 사람에게 좋은 영향을 미치는 현상을 말한다.

　이 효과를 통해 본질적으로 인간의 감정과 관념은 어느 정도 타인의 영향을 받는다는 것을 알 수 있다. 즉, 사람들은 자기도 모르게 자신이 좋아하고, 흠모하고, 믿고 따르는 사람의 영향을 받는다는 것이다.

　'로젠탈 효과'는 보편적인 심리 현상으로 내가 다른 사람에게 갖는 기대, 동시에 다른 사람이 나에게 갖는 기대를 말한다. 특히 후

자의 경우에는 자기 가치를 실현하고자 하는 본능을 요구한다. 다른 사람이 자신에게 바라는 바가 있다는 것을 알았을 때 우리 마음에는 한 줄기의 만족감이 생기며 곧 기대감으로 부풀게 된다. 이러한 감정을 지키기 위해 사람들은 자신도 모르게 다른 사람의 기대에 따라 자신을 형상화하고, 결국에는 다른 사람이 기대한 모습으로 변한다.

대부분 다음과 같은 경험을 한 적이 있을 것이다. 멘토가 내게 "내가 너에게 갖는 기대가 크다." 혹은 "나는 너를 전적으로 믿는다. 너는 반드시 이 일을 잘 해낼 거야."라는 말을 했을 때 우리의 마음 속에는 형용할 수 없는 흥분감이 생긴다. 반면 자신의 행동이 멘토의 기대를 저버리면 심각한 죄책감을 느끼기도 한다.

역으로 '기대 효과'를 이용하여 타인을 내 의도대로 행동하게 할 수도 있다. 특히 리더의 위치에 있는 관리자가 부하 직원에게 가슴 가득히 기대를 품고 이러한 기대를 부하 직원에게 알리는 것은 단순히 명령을 내리거나 다른 동기부여 형식을 취할 때보다 훨씬 더 긍정적인 영향을 끼칠 수 있다.

제2차 세계대전 당시 병력 부족으로 인해 소련은 감옥에 갇힌 범인들까지 동원하여 전선에서 전쟁을 치렀다. 이에 앞서 소련은 몇 명의 심리학자들을 파견하여 범인들에게 전쟁에 대비한 동원훈련을 했고 이를 통해 범죄자들의 전투력을 확보했다.

훈련 기간에 심리학자들은 범죄자들에게 설교 대신 매주 자기가 사랑하는 사람에게 편지를 쓰라고 강조했다. 편지 내용은 심리학자들에 의해 통일되게 정해졌는데, 그 내용은 범인이 감옥에서 어떻게 잘 행동하는지, 어떻게 자신의 잘못을 반성하고 새사람이 되었는지 등이었다. 그 후 범인들은 정성껏 베껴 쓴 후 자신이 가장 사랑하는 사람에게 편지를 보내게 했다.

3개월 동안의 모든 훈련이 끝난 후 범인들은 전선으로 출발했고 심리학자들 역시 동행해 계속해서 편지를 쓰도록 요구했다. 다만 편지의 내용은 자신이 어떻게 지휘에 복종하는지, 어떻게 용감하게 싸웠는지 등으로 바뀌었다.

범죄자들은 전쟁터에서 그들이 편지에서 말한 대로 지휘에 복종하며 용감하게 싸웠다. 심지어 그들은 전반적인 규율 준수 면에서도 정규 병사들에 뒤지지 않는 수준을 보였다.

전쟁이 끝난 후, 소련의 심리학자들은 이러한 심리 유도 수단을 일컬어 '라벨 부착 효과'라고 불렀다. 이러한 심리 효과와 '로젠탈 효과'는 서로 방법은 다르나 같은 효과를 낸다. 범죄자들이 보낸 편지는 가족들이 그들에게 강하고 긍정적인 기대를 하게 했고, 이러한 기대는 역으로 다시 그들이 마치 진짜 군인처럼 싸우도록 격려했다.

이처럼 기대가 보여 주는 힘은 항상 "넌 안 돼.", "넌 정말 쓸모없어."라는 말을 입에 달고 다니는 관리자들이 아주 어리석은 사람이라는 사실을 말해 준다. 이런 부정적인 기대는 부하 직원들에게 '나에 대한 상사의 기대가 이렇게 낮은데 아무리 일을 못 해도 상관없겠지.'라는 자기 암시를 하게 만든다. 결국 시간이 흐르면 그는 정말로 '쓸모없는' 방향으로 나아갈 것이다.

별난 심리연구소

'로젠탈 효과'의 본질은 심리적 암시이므로 적당한 선에서 멈추는 것이 필요하다. 만약 상대에게 건 기대가 너무 크면, 심지어 상대의 능력 범위를 초과하면, 그들에게 무거운 심적 부담감을 줄 수 있다. 또한, 상대방을 불안하게 하고 더 나아가 자포자기하게 만들어 오히려 일이 뜻대로 되지 않을 수도 있다.

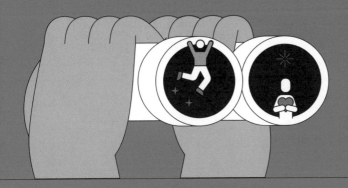

PART 13

누구에게도 없는
별난 행복을 만나다

불행의 또 다른 이름, '별난 행복'

슈와르츠의 논단

"모든 나쁜 일은 우리가 그것이 나쁘다고 생각하는 경우에만 진짜 나쁜 일이 된다."

이것이 바로 유명한 '슈와르츠의 논단'으로 미국의 경영 심리학자인 슈와르츠가 제기한 개념이다.

슈와르츠는 다음과 같은 이야기를 한 적이 있다.

두 마리의 작은 새가 하늘을 날고 있는데 그중 한 마리가 조심성 없이 날다가 날개가 부러졌다. 어쩔 수 없이 그 새는 제자리에 머물며 상처를 치료할 수밖에 없었다. 또 다른 새는 혼자 날아다니면서 마음속으로 그 사실을 안타까워했고, 친구가 너무 불행하다고 생각했다. 그러나 그 새는 멀지 않은 곳에서 한 사냥꾼이 총을 들고 자신을 겨누고 있다는 것을 알아차리지 못했다. 결국 매우 운이 좋다고 생각한 이 작은 새는 사냥꾼의 총구 아래 처참하게 죽었고, 날개가 부러진 친구 새는 상처를 잘 돌본 후 계속 날 수 있었다.

슈와르츠가 이 이야기에서 말하고 싶은 바는 행복은 흔히 그렇듯이 항상 '불행한 외투'를 걸치고 우리의 삶에 걸어 들어온다는 것이다. 우리가 행복을 얻을 수 있는지 없는지는 우리가 불행 속에서 행복의 그림자를 볼 수 있느냐에 따라 결정된다.

사실 시간은 영원히 멈춰 있지 않고 세상은 끊임없이 발전하며 변화한다. 행복과 불행 역시 영원한 것이 아니라 눈앞의 모든 것은 시간의 축 위에 있는 한 점을 묘사한 것에 불과하다. 우리는 불행 속에서 행복을 찾는 법을 배워야만 비로소 효과적인 대책을 세우며 불행의 추세를 되돌릴 수 있다. 즉, 앞을 내다보고 마음으로 행복을 찾는 법을 배워야만 불행 속에 감춰진 행복을 찾을 수 있다. 결국에는 무한히 뻗어 나가 변수로 가득 찬 중심선에서 자신이 정말로 행복을 얻었다는 것을 알게 될 것이다.

같은 이치를 표현하는 오래된 우화가 있다. 한 농부가 산속에서 살고 있었다. 그는 매일 집에서 멀리 떨어진 곳으로 가서 물을 길어

왔다. 농부에게는 2개의 항아리가 있었는데 그는 항아리를 장대의 양 끝에 매어 어깨에 이고 매일 산 아래로 가서 물을 길었다. 그중 한 항아리는 하자 없이 깨끗했고 다른 하나는 갈라져 있었다. 매번 하자 없이 깨끗한 항아리에는 물이 가득 담겨 있었고, 갈라진 항아리는 물이 새는 바람에 집에 돌아왔을 때는 겨우 반 정도만 남아 있었다.

멀쩡한 항아리는 자신의 완벽함에 우쭐거렸고, 금이 간 항아리는 자신의 갈라진 틈을 부끄러워했다. 어느 날 금 간 항아리는 도저히 참을 수 없어 농부에게 말했다. "저의 결함 때문에 주인님은 매번 겨우 반 정도의 물밖에 얻을 수 없고 주인님의 노동에 맞는 보답을 드리지 못해 미안합니다." 농부는 항아리에게 말했다. "물을 길어 집으로 돌아갈 때 슬픔에 젖지 말고 그저 길가의 경치를 좀 보아라."

농부가 언덕을 오를 때 금이 간 항아리는 다시 물이 새는 것을 보며 늘 그랬듯 마음속으로 괴로웠지만 문득 그의 말이 생각나 아래를 한번 살펴보았다. 그때 항아리는 자신 밑에 아름다운 꽃들이 만발한 것을 보았다. 꽃들은 햇빛 속에서 행복하게 미소 짓고 있었다.

농부는 말했다. "네가 있는 쪽의 길에만 아름다운 꽃이 핀 것은 항아리에 금이 간 걸 발견하고 내가 너의 밑에 많은 꽃의 씨앗을 뿌리고 네가 매일 거기에 물을 주었기 때문이야. 보거라, 꽃이 이렇게 예쁘게 피었잖니! 힘들 때마다 고개를 숙이고 이 꽃들을 바라보면 매우 즐거울 거야." 길가의 향기를 맡으며 금이 간 항아리는 환하게 웃었다.

이 세상에 완전무결한 것이 없는 것처럼 순수한 행복 혹은 불행은 없다. 만약 불행이란 게 없다면 한 줄 문장에 영혼이 없고 한 편의 시에 사상이 없는 것과 같다. 화려한 미사여구나 단순한 감정 표출로는 다른 사람에게 깨우침을 줄 수 없고 그들을 깊이 생각하게 할 수 없다. 불행한 인생을 경험하지 못한 삶은 완전한 삶이 아니므로 불행은 인생에서 반드시 거쳐야 할 길이다. 그러나 불행의 이면에는 행운이 숨겨져 있고, 행복과 불행의 유일한 차이점은 그것을 바라보는 시각의 차이일 뿐이다.

슈와르츠의 논단이 우리에게 말하는 것은 삶의 모든 행운과 불행을 태연히 받아들이는 법을 배워야 한다는 점이다. 아무리 큰 불행이라도 우리가 평정심을 가지고 받아들이고 또한 그것을 인생에 필요한 경험으로 생각해 그 안에 담긴 행복의 요소를 찾아낸다면 그것 또한 우리에게 행복을 느끼게 해줄 것이다.

별난 심리연구소

우리는 불행 중에도 행복을 경험할 수 있다. 어떤 사람은 우리의 삶은 양파를 까는 것과 같아서 항상 우리를 눈물 나게 만든다고 말한다. 어떤 불행은 양파처럼 우리를 바로 눈물 흘리게 만든다. 하지만 다른 각도로 보면, 불행은 여전히 모든 사람의 삶에 있는 경험 중 일부이고, '별난 행복'일 수도 있다.

세상 가장 맛있는 음식은 '배고픔'이다

베버의 법칙

어떤 사람이 다음과 같은 실험을 진행한 적이 있다.

한 사람이 양손에 각각 3000그램의 무거운 물건을 들고 있다. 이때 그의 왼손에 100그램의 무거운 물건을 더하면 그는 양손의 차이를 느끼지 못한다. 그리고 다시 왼손에 600그램의 무거운 물건을 더하면 그는 약간 무거워졌다는 차이를 느끼게 된다. 그러나 만약 양손에 10킬로그램의 무거운 물체를 들고 있다면, 왼손에 든 물건이 1000그램을 초과해야 비로소 그는 양손의 차이를 느끼게 될 것이다. 다시 말해 원래의 저울추가 무거울수록 그 후로 더 큰 양을 추가해야만 우리는 비로소 그 차이를 느끼게 되는데 이러한 현상을

'베버의 법칙'이라고 부른다.

　베버의 법칙은 보편적으로 발생하는 사회 심리학 현상이다. 즉, 사람이 강한 자극을 경험하면 그는 이러한 자극에 대한 면역력이 크게 향상된다는 것이다. 심리적인 감각으로 말하자면 첫 번째 큰 자극은 두 번째 작은 자극을 별거 아닌 것으로 만들 수 있다. 예를 들어, 원래 100원짜리 물건이 갑자기 1000원이 된다면 우리는 이를 받아들이지 못한다. 반면 원래 10만 원이었던 컴퓨터가 1000원이 오른다면 우리는 크게 반응하지 않는다.

　베버의 법칙으로부터 우리는 한 가지 법칙을 추론할 수 있다. 바로 '행복의 절감'이다. 간단히 말해 '얻은 것이 많을수록 느끼는 행복은 작아진다는 것'이다. 같은 빵이라도 굶주리는 가난한 사람과 종일 배불리 먹는 부자에게 주는 행복감은 철저히 다르다. 이는 그들이 얻은 행복의 양이 다르기 때문이 아니라, 빵 한 조각에 대한 행복감이 서로 다르기 때문이다.

　베버의 법칙이 상세히 해석한 바와 같이 사람이 비교적 나쁜 상태에 처하면 사소한 일에서조차 흥분한다. 그러나 처한 환경이 점점 나아지면 사람의 요구, 욕망 등은 그에 따라 높아지지만, 행복을 느끼는 능력은 크게 저하된다. 우리가 행복을 느끼지 못할 때도 행복은 여전히 주위에 있다. 단지 마음속에서 그에 대한 감성을 잃었을 뿐이다.

프랑스에 다음과 같은 우화가 있다.

국왕이 군대를 이끌고 전쟁에 나섰다가 완패했다. 추격병을 피하기 위해 그와 부하들은 사방으로 흩어졌고 산골짜기에서 이틀 밤낮을 숨어 있었다. 그사이 그들은 쌀 한 톨도 먹지 못했고 물 한 방울도 마시지 못했다. 그 후 국왕은 나무를 베는 노인을 만났는데 노인은 그를 불쌍하게 여겨 잡곡과 남은 채소로 만든 채소 주먹밥을 만들어 주었다. 굶주림을 참기 어려웠던 국왕은 게걸스럽게 주먹밥을 먹기 시작했고, 그는 세상 그 어떤 음식보다 맛있는 음식이라고 느꼈다. 그는 노인에게 이 맛있는 음식이 무엇인지 물었다. 그러자 노인은 '배고픔'이라고 말했다.

후에 국왕은 궁으로 돌아와 요리사에게 그의 설명대로 '배고픔'을 만들라고 명령했다. 그러나 어떻게 만들어도 그 맛을 낼 수 없었다. 국왕은 사람을 보내 '배고픔'을 만들 수 있는 그 노인을 백방으로 찾았다. 하지만 노인이 그에게 똑같은 재료로 똑같은 채소 주먹밥을 만들어 주었을 때 그는 처음에 느꼈던 그 맛있는 음식의 맛을 다시는 느낄 수 없었다.

사실 진정으로 왕에게 행복을 느끼게 한 것은 채소 주먹밥이 아니라 그의 '배고픔'이었다. 배가 고플 땐, 남은 쉰밥이라도 맛있게 느껴지고 배가 부를 땐, 산해진미라 해도 먹기 힘들다. 이것이 바로 '베버의 법칙'이 우리에게 주는 시사점이다.

고대 로마 철학가인 세네카는 다음과 같이 말한 적이 있다.

"만약 당신이 현재에 만족을 느끼지 못한다면 세상을 다 가진다고 해도 행복해질 수 없을 것이다."

어떤 사람이 행복에 대한 조사를 한 적이 있는데 사회에 각기 다른 계층의 사람들을 대상으로 질문을 했다. "당신은 행복하다고 생각합니까?" 이중 80%의 사람들이 불행하다고 대답했다.

정말 이렇게 많은 사람이 행복하지 않은 걸까? 결과적으로 보면 사실 많은 사람이 행복을 감지하는 능력을 점점 잃어 가고 있다. 자신의 잇따른 욕망을 만족시키느라 너무 바쁘다 보니 행복을 감지하는 과정의 아름다움과 고생을 잊게 된다. 행복을 느낄 수 없다면 어떻게 행복해질 수 있겠는가?

별난 심리연구소

행복은 실체가 있는 것이 아니라 일종의 느낌이다. 얼마나 많은 행복을 얻을 수 있는가는 오직 행복에 대한 우리의 민감도에 달려 있다. 만족할 줄 아는 사람은 항상 즐겁다. 이들은 물질적인 것이 아닌, 마음으로 느낄 줄만 알면 행복은 반드시 우리 곁에 있다는 것을 항상 일깨워 준다.

잡동사니를 버리면
행복해지는 이유

디드로 효과

프랑스의 철학가인 드니 디드로Denis Diderot가 쓴 에세이 『나의 오래된 가운을 버림으로 인한 후회Regrets on Parting with My Old Dressing Gown』에 나오는 일화가 하나 있다.

어느 날, 친구가 그에게 정교하고 고급스러운 가운 하나를 선물했다. 디드로는 이 선물을 받고 매우 기뻤다. 그런데 그가 이 화려한 가운을 입었을 때 갑자기 집 안에 있는 가구들이 몹시 낡아 보였다. 색도 유행이 지났을 뿐만 아니라 스타일도 지금 입고 있는 가운과 어울리지 않았다. 가운과 조화를 맞추기 위해 그는 새 가구를 구입했고, 결국 주위의 모든 환경을 가운의 품격에 맞췄다. 그런데 이렇게 바꾸고 나니 오히려 마음이 불편했다. 일시적 충동이 지나간 후 그는 '내가 가운에게 지배당했구나.'라는 사실을 깨달았기 때문이다.

20세기 초, 미국 하버드대학교 경제학자인 줄리엣 쇼어Juliet Schor는 그의 저서 『과소비하는 미국인들The Overspent American』에서 디드로의 일화를 언급하면서 새로운 개념을 제시했다. 바로 '디드로 효과'이다. 이는 새로운 물건을 가진 후 그에 어울리는 물건을 끊임없이 배치하여 심리적 통일성을 추구하는 현상을 가리킨다.

디드로 효과는 '인간이 벗어나기 힘든 10대 심리 중 하나'이기도 하다. 이 효과가 말하는 것은 우리가 흔히 볼 수 있는 '더 많이 얻을 수록 만족하지 않는' 심리 현상을 말한다. 즉, 어떤 것을 얻지 못할 때는 잠시도 기다리지 못하고, 일단 얻으면 그 욕심은 끝이 없어진다.

사람들은 종종 디드로 효과의 함정에 빠진다. 근본적인 원인은 자신이 갈망하는 많은 것들이 사실 쓸모없다는 것을 깨닫지 못하는 데 있다. 디드로는 우연히 가운을 얻은 후 더 잘 어울리는 각종 가구를 원하기 시작했다. 그러나 그는 사실 가운 자체는 뒷받침해 줄 가구가 필요 없다는 사실을 인지하지 못했다. 즉, 그 오래된 가구들은 그의 새 가운에 어울리지 않는 것이 아니라 이미 커지기 시작한 그의 욕망에 어울리지 않았던 것이다.

살아가면서 우리는 수많은 욕망을 갖는다. 만약 우리가 쓸데없는, 때로는 우리를 성가시게 하는 이 물건들을 우리의 삶에서 깨끗이 없앨 수 있다면 내재된 행복을 느끼기에 충분한 시간을 얻을 수 있다.

우리의 삶은 간단하게 응집될 필요가 있다. 이렇게 높은 욕망은 결코 우리에게 즐거움을 주지 못하고 삶을 좌지우지할 뿐이다. 예를 들어, 우리는 마음에 드는 직장을 얻은 후에는 좋은 사람과 결혼을 하고 싶고, 그다음에는 넓고 호화로운 집을 갖길 바라며, 그다음에는 아이가 최고의 교육을 받길 바란다. 이 모든 것이 실현된 후에도 대부분 사람은 여전히 만족하지 못한다. 더 높은 사회적 지위를 얻고 싶어 하고, 더 많은 돈을 벌기 원하며, 더 비싼 물건을 사고 싶어 하고, 더 호화로운 소비를 하고 싶어 하기 때문이다. 그러나 처음을 생각해 보면 우리는 그저 밥을 먹고 살 정도의 직업을 찾으려고 했을 뿐이다.

끝없이 이어지는 욕망들은 많은 사람을 디드로 효과의 함정에서 벗어나지 못하게 한다. 그렇기에 현대인들은 매일 피곤에 찌들어 산다. 몸에 짊어지는 무거운 짐이 점점 많아지는 이유는 사람들이 우리의 생명에 필요 없는 것들을 포기할 줄 모르고 지나치게 많은 욕망과 속박을 마음속에 안고 있어서이다.

그렇다면, 어떻게 디드로 효과의 함정에서 벗어날 수 있을까? 고대 그리스 철학가인 소크라테스의 이야기는 우리에게 다음과 같은 시사점을 준다.

어느 날, 소크라테스는 학생들을 아테네에서 가장 북적이는 시장에 데리고 가 수업을 했다. 시장을 다 둘러본 후, 소크라테스는 학생들에게 물었다. "너희들은 이 시장에서 무엇을 찾았니?" 학생들은 중구난방으로 대답했다. "시장에는 물건도 정말 많고, 맛있는 것도 많고, 볼 것과 놀 것도 정말 많아요! 헤아릴 수 없이 많은 놀 거리, 입을 거리와 먹을 거리 등 모든 것이 다 있어요. 선생님 수업만 아니라면 저희는 분명 물건을 잔뜩 사서 집에 돌아갔을 거예요." 소크라테스는 고개를 저으며 다시 말했다.

"나는 너희들과 반대로 생각한단다. 이 시장에서 내가 발견한 건 이 세상에 우리가 실제로 필요한 물건은 그렇게 많지 않다는 거야." 이어서 소크라테스는 말했다.

> "우리가 사치스러운 삶에 바쁘고 지칠 때, 행복한 삶은 이미 우리에게서 점점 멀어지고 있단다. 행복한 삶은 아주 간단해. 예를 들어, 가장 좋은 방은 필요한 물건만 있고 쓸모없는 물건은 많지 않은 방이라는 거야."

별난 심리연구소

우리의 생활에서 쓸모없는 무언가가 있다면, 이 물건을 꼭 우리가 가져야 할 게 아니라면, 포기하는 법을 배워야 한다. 포기를 알면 비로소 욕망의 무한한 팽창을 막을 수 있고 자신의 삶에 더 충실해지며 태연하고 홀가분하게 살 수 있다. '디드로 효과'에서 벗어날 수 있는 유일한 방법은 자신의 과한 욕망을 억제하고 줄이는 것이다. 번잡하고 무의미한 욕망을 버린다면 자신의 삶을 더욱 충실하고, 아름답게 만들 수 있다.

가장 멋지고
근사한 것 버리기

악어 법칙

'악어 법칙'은 원래 투자 심리학 이론 중 하나로 '악어 효과'라고
도 불린다. 악어 법칙이 의미하는 것은 다음과 같다.

악어 한 마리가 우리의 다리를 물었다고 가정해 보자. 만약 우리
가 여기서 벗어나기 위해 손으로 악어를 밀면, 악어는 우리의 발과
손을 동시에 문다. 우리가 발버둥칠수록 악어에게 물리는 신체 범
위는 점점 커질 것이다. 그러므로 만약 악어가 우리의 다리를 문다
면, 우리가 할 수 있는 유일한 방법은 다리 하나를 희생하는 것뿐이
다.

잔혹한 '악어 법칙'은 더 잔혹한 대자연 속에서 그저 가장 평범하

고, 모든 생물이 알고 있는 대자연의 법칙일 뿐이다. 그러나 인간은 정글을 떠난 지 너무 오래되었고 이미 이런 법칙을 잊어버렸다. 따라서 어떤 것도 버리지 못하고 결국에는 고통 속에서 무거운 짐을 지고 나아간다.

인생에서 우리는 선택하고 포기할 줄 알아야 한다. 결정적 순간의 포기는 지혜로운 사람이 삶에 임하는 현명한 선택이며 시기적절하게 버릴 줄 아는 인생만이 다시 빛을 발할 수 있다.

1998년 노벨물리학상 수상자인 대니얼 추이Daniel Chee Tsui는 어떤 사람들의 눈에는 그야말로 '괴짜'로 보였다. 그는 정치를 멀리하며 결코 얼굴을 내밀지 않았고, 온종일 책과 씨름하며 실험실에 틀어박혀 있었다. 심지어 노벨상을 받는 날에도 그는 여느 때처럼 실험실에서 일했다.

더욱 믿기 어려운 점은 미국의 첨단 기술 연구의 전초 분야에서 일하는 대니얼 추이가 매우 고지식한 '컴퓨터 문외한'이라는 것이다. 연구 과정 중 디자인을 설계하고, 도표를 제작하는 일은 전적으로 그가 한 획 한 획 직접 그려 완성했다. 심지어 이메일 한 통을 보낼 때는 비서에게 대신 보내 달라고 부탁했다. 그는 이렇게 말했다.

"이 세상은 빠르게 변화하는데 저는 좇아갈 시간이 없습니다!"

대니얼 추이는 세상 사람들의 눈에 띄는 것을 포기하고 자신을 위해 귀중한 시간을 벌며 최고의 영예를 얻었다.

사람의 인생은 매우 짧아 제한된 힘으로 모든 방면을 다 고려할 수는 없다. 세상에는 근사하고 멋진 것들이 넘쳐나지만 포기하는 것도 하나의 큰 지혜가 된다.

포기는 사실 또 다른 것을 얻기 위한 길이다. 원하는 것을 얻을 수만 있다면 우리에게 필요하지 않은 '멋지고 근사한 것'을 버리는 게 당연하지 않을까?

탐욕은 많은 사람이 가진 나쁜 버릇이다. 때때로 원하는 것을 단단히 잡고 놓지 않으면 자신에게 스트레스와 고통, 초조함, 불안을 준다. 아무것도 포기하지 않는 사람은 결국 아무것도 얻을 수 없다.

일상생활에서도 우리는 종종 이런 사람을 볼 수 있다. 그들은 항상 눈앞의 이익을 포기하지 않고 포기하는 고통을 두려워하며 결국에는 잔혹한 경쟁에 짓눌리는 것을 피하지 못한다. 장기적인 안목으로 융통성 있게 의식을 바꾸는 사람은 주저하지 않고 포기할 수 있다. 그들은 이것이 승리로 이어질 수 있다는 것을 알기 때문이다.

별난 심리연구소

'악어 법칙'은 한쪽 다리를 포기하고 생명의 기회를 얻는 것처럼 '포기'는 또 다른 것을 얻기 위함이라고 알려 준다. 우리는 항상 포기할 때의 고통에 관해서만 관심을 가진다. 그러나 중요한 순간에 우리가 포기해야 할 것을 포기하지 않는다면 더 큰 고통을 겪을 것이다.

인생은 느리고 긴 여행과 같다. 여행 중 우리는 많은 선택의 순간을 맞이할 것이다. 이때 우리는 항상 뭔가를 포기해야 하지만 동시에 많은 것을 얻게 될 것이다.

마음이 이끄는 대로 행하라. 단, 머리는 차가워야 한다.
뜨거운 열정과 냉정한 판단력은 삶을 변화시키는 큰 힘이 된다.

알프레드 아들러

우리들이 어디를 가든 무엇을 하든
우리들의 한 가지 연구 대상은 바로 자기 자신이다.
에머슨

우리들의 깊은 마음속에는 어떤 강력한 힘이 있다.
그것은 우리의 의식과 별개의 것으로,
끊임없이 활동을 계속하여 감정과 행동의 근원이 되고 있다.
프로이트